Seneca

Epistulae morales ad Lucilium

Liber XI-XIII
Epistulae LXXXIV-LXXXVIII

Latein/Deutsch

Michael Weischede

Herstellung und Verlag:
BoD – Books on Demand, Norderstedt

ISBN 9783734726675

© 2023 Michael Weischede

Das Werk einschließlich aller seiner Teile ist urheberrechtlich geschützt.
Alle Rechte bleiben vorbehalten.

Bibliografische Information der Deutschen Nationalbibliothek

Die Deutsche Nationalbibliothek verzeichnet diese Publikation in der Deutschen Nationalbibliografie; detaillierte bibliografische Daten sind im Internet über http://dnb.dnb.de abrufbar.

Vorwort

Senecas Briefe an seinen Freund Lucilius gehören zu den wenigen Texten der lateinischen Literatur, die auch nach dem Zusammenbruch des Römischen Reiches nicht in Vergessenheit gerieten. Während die meisten Publikationen der Antike erst in der Renaissance „wiedergeboren" wurden, fanden die Epistulae morales ad Lucilium bis in unsere Zeit hinein durchgängig eine interessierte Leserschaft. Aus diesem Grund herrscht auch heute kein Mangel an Übersetzungen der Briefe. Es erschien mir deshalb wenig sinnvoll, eine weitere hinzuzufügen, ohne einen gesonderten Schwerpunkt zu setzen. Ich habe mich deshalb ganz bewusst für ein möglichst text- und wortgetreues Vorgehen entschieden und mich dabei weitestgehend an die Wortvorschläge der gängigen Lexika gehalten (Georges, PONS, Stowasser, Langenscheidt usw.). Vor allem Schülern sollte es auf diese Weise leichter fallen, die Übersetzung aus dem Lateinischen nachzuvollziehen und bei Bedarf mit ihren eigenen Bemühungen zu vergleichen.

Der lateinische Textteil stammt aus verschiedenen Internetquellen, wobei das Augenmerk auf der Gemeinfreiheit lag. Er ist also nicht editiert, und ich habe mir zudem erlaubt, ihn hier und da an meine stilistischen Vorlieben anzupassen. Für ein ernsthaftes wissenschaftliches Arbeiten ist er folglich nicht geeignet.

Soweit mir meine Motivation für dieses Projekt nicht abhanden kommt, werde ich nach und nach alle 20 Bücher mit den Briefen an Lucilius übersetzen und veröffentlichen. Bei meiner eher gemächlichen Arbeitsweise kann das allerdings einige Zeit dauern ...

Dortmund im Februar 2023

Liber XI-XIII – Epistula LXXXIV

Seneca Lucilio suo Salutem,

(1) Itinera ista quae segnitiam mihi excutiunt et valetudini meae prodesse iudico et studiis. Quare valetudinem adiuvent vides: cum pigrum me et neglegentem corporis litterarum amor faciat, aliena opera exerceor. Studio quare prosint indicabo: a lectionibus <non> recessi. Sunt autem, ut existimo, necessariae, primum ne sim me uno contentus, deinde ut, cum ab aliis quaesita cognovero, tum et de inventis iudicem et cogitem de inveniendis. Alit lectio ingenium et studio fatigatum, non sine studio tamen, reficit.

(2) Nec scribere tantum nec tantum legere debemus: altera res contristabit vires et exhauriet (de stilo dico), altera solvet ac diluet. Invicem hoc et illo commeandum est et alterum altero temperandum, ut quidquid lectione collectum est stilus redigat in corpus.

(3) Apes, ut aiunt, debemus imitari, quae vagantur et flores ad mel faciendum idoneos carpunt, deinde quidquid attulere disponunt ac per favos digerunt et, ut Vergilius noster ait,

liquentia mella
stipant et dulci distendunt nectare cellas.

Buch 11-13 – Brief 84

Seneca grüßt seinen Lucilius,

(1) Diese kurzen Reisen, die mir meine Trägheit austreiben, sind, glaube ich, sowohl meiner Gesundheit als auch meinen Studien zuträglich. Du erkennst, warum sie die Gesundheit fördern: weil mich die Liebe zur Wissenschaft träge und dem Körper gegenüber nachlässig macht, übe ich mich in fremder Tätigkeit. Weshalb sie für meine wissenschaftliche Beschäftigung nützlich sind, will ich verraten: ich habe [während der Reisen] die Lektüre nicht aufgegeben. Sie ist nämlich notwendig, wie ich meine, zuerst, damit ich mich nicht auf eine einzige Sache beschränke, alsdann, damit ich, sooft ich die Forschungen von anderen kennengelernt habe, danach sowohl über diese Ansichten urteilen als auch darüber nachdenken kann, was noch entdeckt werden muss. Nachdem er von der wissenschaftlichen Beschäftigung erschöpft wurde, fördert und erquickt das Lesen den Geist – allerdings nicht ohne ein eifriges Streben.

(2) Weder sollen wir nur schreiben noch nur lesen: das eine wird unsere Kräfte beeinträchtigen und erschöpfen (ich spreche über das Schreiben), das andere wird sie zerstreuen und aufweichen. Abwechselnd muss man zwischen diesem und jenem herpendeln und das eine zum anderen ins richtige Verhältnis setzen, um alles, was durch die Lektüre aufgenommen wurde, mit dem Griffel zurück in eine materielle Substanz zu bringen.

(3) Wir müssen, wie man sagt, die Bienen nachahmen, die umherstreifen und die zur Honigbereitung geeigneten Blüten aussaugen, danach alles, was sie herbeigetragen haben, passend machen und auf die Waben verteilen und, wie unser Vergil sagt:

den flüssigen Honig dicht zusammendrücken
und mit dem süßen Nektar die Zellen ausfüllen.

(4) De illis non satis constat utrum sucum ex floribus ducant qui protinus mel sit, an quae collegerunt in hunc saporem mixtura quadam et proprietate spiritus sui mutent. Quibusdam enim placet non faciendi mellis scientiam esse illis sed colligendi. Aiunt inveniri apud Indos mel in arundinum foliis, quod aut ros illius caeli aut ipsius arundinis umor dulcis et pinguior gignat; in nostris quoque herbis vim eandem sed minus manifestam et notabilem poni, quam persequatur et contrahat animal huic rei genitum. Quidam existimant conditura et dispositione in hanc qualitatem verti quae ex tenerrimis virentium florentiumque decerpserint, non sine quodam, ut ita dicam, fermento, quo in unum diversa coalescunt.

(5) Sed ne ad aliud quam de quo agitur abducar, nos quoque has apes debemus imitari et quaecumque ex diversa lectione congessimus separare (melius enim distincta servantur), deinde adhibita ingenii nostri cura et facultate in unum saporem varia illa libamenta confundere, ut etiam si apparuerit unde sumptum sit, aliud tamen esse quam unde sumptum est appareat. Quod in corpore nostro videmus sine ulla opera nostra facere naturam

(4) Es ist von ihnen nicht hinreichend bekannt, ob sie einen Saft, der sogleich Honig ist, aus den Blüten saugen, oder ob sie das, was sie gesammelt haben, durch eine gewisse Beimischung und durch ihre besondere Lebensart zu einer solchen Leckerei umwandeln. Manche sind nämlich der Ansicht, dass sie nicht die Geschicklichkeit besitzen, den Honig hervorzubringen, sondern [nur] ihn zu sammeln. Sie behaupten, dass bei den Indern Honig von den Blättern des Bambusrohrs gewonnen wird, den entweder der Tau in jenem Klima oder der süße und ziemlich dick[flüssige] Nahrungssaft des Bambusrohrs selbst erzeuge; dass auch in unseren Halmen dieselbe Kraft angelegt ist, aber weniger deutlich und auffallend; diesem würde ein dafür erschaffenes Lebewesen beharrlich folgen und an sich ziehen. Einige meinen, dass das, was sie aus dem Zartesten der Pflanzen und Blüten entnehmen, durch Zubereitung und Verteilung in seiner Beschaffenheit verwandelt wird, nicht ohne ein gewisses, um es so zu benennen, Ferment, mit dem sie voneinander Getrenntes zu einem Einzigen verschmelzen.

(5) Aber um mich nicht zu etwas anderem als das, worum es geht, verleiten zu lassen: auch wir müssen diese Bienen nachahmen und alles trennen, was wir aus zerstreuter Lektüre zusammengetragen haben (was streng gegliedert wurde, wird nämlich besser bewahrt), hierauf, unter Hinzuziehung unseres Verstandes, jene verschiedenen Kostproben mit Sorgfalt und Talent zu einem einzigen Leckerbissen verbinden, damit sichtbar wird, selbst wenn offenkundig ist, von wo es entnommen wurde, dass es trotzdem etwas anderes ist, als das, von wo es entnommen wurde. Wir sehen, dass die Natur diese Dinge in unserem Körper ohne irgendeine Tätigkeit unsererseits bewirkt.

(6) (alimenta quae accepimus, quamdiu in sua qualitate perdurant et solida innatant stomacho, onera sunt; at cum ex eo quod erant mutata sunt, tunc demum in vires et in sanguinem transeunt), idem in his quibus aluntur ingenia praestemus, ut quaecumque hausimus non patiamur integra esse, ne aliena sint.

(7) Concoquamus illa; alioqui in memoriam ibunt, non in ingenium. Adsentiamur illis fideliter et nostra faciamus, ut unum quiddam fiat ex multis, sicut unus numerus fit ex singulis cum minores summas et dissidentes conputatio una conprendit. Hoc faciat animus noster: omnia quibus est adiutus abscondat, ipsum tantum ostendat quod effecit.

(8) Etiam si cuius in te comparebit similitudo quem admiratio tibi altius fixerit, similem esse te volo quomodo filium, non quomodo imaginem: imago res mortua est. 'Quid ergo? Non intellegetur cuius imiteris orationem? Cuius argumentationem? Ccuius sententias?' Puto aliquando ne intellegi quidem posse, si magni vir ingenii omnibus quae ex quo voluit exemplari traxit formam suam inpressit, ut in unitatem illa conpetant.

(6) (Nahrungsmittel, die wir aufgenommen haben, fallen beschwerlich, solange sie ihre Beschaffenheit beibehalten und unverdaut im Magen schwimmen; wenn sie jedoch aus dem, was sie waren, transformiert worden sind, dann gehen sie schließlich in Körperkräfte und Lebensfrische über), dasselbe sollten wir den Dingen widerfahren lassen, die uns gedeihen lassen, nämlich nicht geschehen zu lassen, dass alles, was wir aufgenommen haben, unverändert bleibt, damit es nicht ein fremdes Gut bleibt.

(7) Machen wir sie uns zu eigen; andernfalls werden sie in unser Gedächtnis, nicht in unseren schöpferischen Geist eingehen. Wir sollten ihnen aufrichtig zustimmen und zu dem Unsrigen machen, damit sozusagen aus den Vielen ein Einziges entsteht, gleichwie aus einzelnen eine einzige Zahl entsteht, sooft eine Berechnung kleinere und getrennte Summen zu einer einzigen zusammenfasst. Dies möge unser Geist zuwege bringen: alles, wodurch er gefördert wurde, soll er unsichtbar werden lassen, [und] nur offenbaren, was er selbst hervorgebracht hat.

(8) Auch wenn sich bei dir eine Ähnlichkeit mit irgendjemanden einstellt, die dir eine allzu tiefe Bewunderung eingeprägt hat, will ich lieber, dass du ihm ähnlich bist wie ein Sohn, nicht wie ein Abbild: ein Bild ist ein toter Gegenstand. „Was nun also? Wird man sich nicht denken, wessen Rede, wessen Beweisführung, wessen Ideen du nachahmst?" Ich glaube, dass man irgendwann nicht einmal mehr wahrnehmen kann, wenn ein Mann mit großem geistigen Talent allem, was er sich von einem wünschenswerten Vorbild zu eigen machte, seinen charakteristischen Ausdruck aufgedrückt hat, so dass es in einem einheitlichen Ganzen zusammentrifft.

(9) Non vides quam multorum vocibus chorus constet? Unus tamen ex omnibus redditur. Aliqua illic acuta est, aliqua gravis, aliqua media; accedunt viris feminae, interponuntur tibiae: singulorum illic latent voces, omnium apparent.

(10) De choro dico quem veteres philosophi noverant: in commissionibus nostris plus cantorum est quam in theatris olim spectatorum fuit. Cum omnes vias ordo canentium implevit et cavea aeneatoribus cincta est et ex pulpito omne tibiarum genus organorumque consonuit, fit concentus ex dissonis. Talem animum esse nostrum volo: multae in illo artes, multa praecepta sint, multarum aetatum exempla, sed in unum conspirata.

(11) 'Quomodo', inquis, 'hoc effici poterit?' Adsidua intentione: si nihil egerimus nisi ratione suadente, nihil vitaverimus nisi ratione suadente. Hanc si audire volueris, dicet tibi: relinque ista iamdudum ad quae discurritur; relinque divitias, aut periculum possidentium aut onus; relinque corporis atque animi voluptates, molliunt et enervant; relinque ambitum, tumida res est, vana, ventosa, nullum habet terminum, tam sollicita est ne quem ante se videat quam ne secum, laborat invidia et quidem duplici. Vides autem quam miser sit si is cui invidetur et invidet.

(9) Siehst du nicht, auf wie viele Stimmen sich ein Chor gründet? Dennoch wird von allen ein einziger Ton vorgetragen. Dabei ist manch eine [Stimme] hoch, manch eine tief, manch eine dazwischenliegend; Frauen schließen sich den Männern an, dazwischen drängen sich die Flöten: die Stimmen der Einzelnen bleiben dabei verborgen, die aller [als Ganzes] kommen zum Vorschein.

(10) Ich spreche von dem Chor, den die alten Philosophen kannten: in unseren Aufführungen gibt es mehr Sänger als es einstmals in den Theatern Zuschauer gab. Wenn die Reihe der Singenden alle Gänge füllt und der Zuschauerraum ringsum besetzt ist mit Blechbläsern und von jeder Bühne jede Art von Flöten und Pfeifen erschallt, entsteht aus einem verworrenen Getöse ein harmonischer Klang. Von solcher Art wünsche ich mir unseren Geist [zu sein]: zahlreiche Theorien sollen sich in ihm finden, zahlreiche Lehren, die Vorbilder vieler Generationen, aber harmonisch zu einem einzigen sich verschmelzend.

(11) „Auf welche Weise", fragst du, „wird man dies erreichen können?" Durch unablässige Anstrengung: sofern wir nichts tun, außer wenn die Vernunft es anrät, wir nichts meiden, außer wenn die Vernunft es anrät. Wenn du es für wünschenswert hältst, ihr Folge zu leisten, wird sie dir sagen: lass die Dinge hinter dir, die einen hin und her rennen lassen; gib den Reichtum auf, der für diejenigen, die ihn besitzen, entweder Gefahr oder Last ist; lass die Vergnügungen des Körpers und des Geistes hinter dir, sie verweichlichen und entkräften; lass den Ehrgeiz hinter dir, er ist eine aufgeblasene, nichtige, eitle Sache, kennt kein Ende, ist im gleichen Maße in Sorge, irgendeinen vor sich zu sehen wie neben sich, er wird vom Neid geplagt, und zwar doppelt. Du aber verstehst, wie erbärmlich es ist, wenn derjenige, der beneidet wird, [selbst] auch neidisch ist.

(12) Intueris illas potentium domos, illa tumultuosa rixa salutantium limina? Multum habent contumeliarum ut intres, plus cum intraveris. Praeteri istos gradus divitum et magno adgestu suspensa vestibula: non in praerupto tantum istic stabis sed in lubrico. Huc potius te ad sapientiam derige, tranquillissimasque res eius et simul amplissimas pete.

(13) Quaecumque videntur eminere in rebus humanis, quamvis pusilla sint et comparatione humillimorum exstent, per difficiles tamen et arduos tramites adeuntur. Confragosa in fastigium dignitatis via est; at si conscendere hunc verticem libet, cui se fortuna summisit, omnia quidem sub te quae pro excelsissimis habentur aspicies, sed tamen venies ad summa per planum. Vale.

(12) Bestaunst du jene Paläste der Mächtigen, jene Behausungen voll des lärmenden Zanks derer, die ihre Aufwartung machen? Viele Kränkungen sind erforderlich, um eintreten zu dürfen, mehr [noch], nachdem man eingetreten ist. An diesen Stufen der Reichen zieh vorbei und auch an ihren Vorhallen, die man durch kostspieliges Aufschütten in die Höhe getrieben hat: du wirst dort nicht nur auf abschüssigem, sondern auch auf schlüpfrigem Boden stehen. Wende dich lieber hierher, zur Weisheit, deren ungetrübten und zugleich herrlichen Besitztümer suche zu erreichen.

(13) Obgleich es gering sein mag und [nur] durch den Vergleich mit dem Bescheidensten hervortritt, wird alles, was unter den menschlichen Angelegenheiten herauszuragen scheint, dennoch über schwierige und steile Pfade angegangen. Holperig ist der Weg zum Gipfel des öffentlichen Ansehens; aber wenn du dich in eine solche Höhe [der Weisheit] aufschwingen willst, der sich [selbst] das Schicksal gebeugt hat, wirst du gewiss all das unter dir erblicken, was für das Erhabenste gehalten wird, gleichwohl aber auf ebenem Wege zum Höchsten gelangen. Lebe wohl.

Liber XI-XIII – Epistula LXXXV

Seneca Lucilio suo Salutem,

(1) Peperceram tibi et quidquid nodosi adhuc supererat praeterieram, contentus quasi gustum tibi dare eorum quae a nostris dicuntur ut probetur virtus ad explendam beatam vitam sola satis efficax. Iubes me quidquid est interrogationum aut nostrarum aut ad traductionem nostram excogitatarum conprendere: quod si facere voluero, non erit epistula sed liber. Illud totiens testor, hoc me argumentorum genere non delectari; pudet in aciem descendere pro dis hominibusque susceptam subula armatum.

(2) 'Qui prudens est et temperans est; qui temperans est, et constans; qui constans est inperturbatus est; qui inperturbatus est sine tristitia est; qui sine tristitia est beatus est; ergo prudens beatus est, et prudentia ad beatam vitam satis est.'

(3) Huic collectioni hoc modo Peripatetici quidam respondent, ut inperturbatum et constantem et sine tristitia sic interpretentur tamquam inperturbatus dicatur qui raro perturbatur et modice, non qui numquam. Item sine tristitia eum dici aiunt qui non est obnoxius tristitiae nec frequens nimiusve in hoc vitio; illud enim humanam naturam negare, alicuius animum inmunem esse tristitia; sapientem non vinci maerore, ceterum tangi; et cetera in hunc modum sectae suae respondentia. Non his tollunt adfectus sed temperant.

Buch 11-13 – Brief 85

Seneca grüßt seinen Lucilius,

(1) Ich hatte Rücksicht auf dich genommen und alles übergangen, was immer noch an Verwickeltem übrig war, zufrieden damit, dir sozusagen eine Probe dessen zu geben, was von den Unsrigen vorgebracht wird, um zu beweisen, dass einzig die sittliche Vollkommenheit genügend wirksam ist, um ein gesegnetes Leben zu erreichen. Du forderst mich auf, alles in Worte zu fassen, was es an logischen Folgerungen gibt – entweder die der Unsrigen oder diejenigen, die man sich zu unserer Bloßstellung ausgedacht hat: wenn ich das nun tun will, wird es kein Brief, sondern ein Buch sein. Ich beteure dies hier so oft: dass ich an dieser Art von Beweisen keine Freude habe; es beschämt mich, bewaffnet mit einer Ahle in die für Götter und Menschen begonnene Schlacht zu ziehen.

(2) „Wer klug ist, ist auch maßvoll; wer maßvoll ist, auch charakterfest; wer charakterfest ist, ist affektlos; wer affektlos ist, ist ohne Traurigkeit; wer ohne Traurigkeit ist, ist glücklich; folglich ist der Kluge glücklich, und Klugheit ist ausreichend für ein glückliches Leben."

(3) Mit dieser Schlussfolgerung stimmen manche Peripatetiker auf folgende Art überein, dass sie affektlos und charakterfest und ohne Traurigkeit so deuten, als ob einer charakterfest genannt wird, der nur selten und nicht allzu tief in Unruhe versetzt wird – nicht niemals. Ebenso sagen sie, dass derjenige ohne Traurigkeit genannt wird, der der Traurigkeit nicht unterworfen ist und nicht häufig oder übermäßig unter dieser schlechten Eigenschaft steht; Folgendem nämlich verweigere sich die menschliche Natur: dass irgendjemandes Geist frei von Traurigkeit ist; der Weise werde von der Trauer nicht überwältigt, gleichwohl berührt; und auch die übrigen Dinge erwidern sie auf die bekannte Art und Weise ihrer Denkschule. Dadurch beseitigen sie die Affekte nicht, sondern sie mäßigen sie.

(4) Quantulum autem sapienti damus, si inbecillissimis fortior est et maestissimis laetior et effrenatissimis moderatior et humillimis maior! Quid si miretur velocitatem suam Ladas ad claudos debilesque respiciens?

Illa vel intactae segetis per summa volaret
gramina nec cursu teneras laesisset aristas,
vel mare per medium fluctu suspensa tumenti
ferret iter, celeres nec tingueret aequore plantas.

Haec est pernicitas per se aestimata, non quae tardissimorum conlatione laudatur. Quid si sanum voces leviter febricitantem? Non est bona valetudo mediocritas morbi.

(5) 'Sic,' inquit, 'sapiens inperturbatus dicitur quomodo apyrina dicuntur non quibus nulla inest duritia granorum sed quibus minor.' Falsum est. Non enim deminutionem malorum in bono viro intellego sed vacationem; nulla debent esse, non parva; nam si ulla sunt, crescent et interim inpedient. Quomodo oculos maior et perfecta suffusio excaecat, sic modica turbat.

(6) Si das aliquos adfectus sapienti, inpar illis erit ratio et velut torrente quodam auferetur, praesertim cum illi non unum adfectum des cum quo conluctetur sed omnis. Plus potest quamvis mediocrium turba quam posset unius magni violentia.

(4) Wie wenig aber gestehen wir dem Weisen zu, wenn er stärker ist als die Schwächlichsten, [und] heiterer als die Wehmütigsten, [und] maßvoller als die Zügellosesten, [und] bedeutender als die Geringsten! Was, wenn Ladas, hinter sich [nur] Gelähmte und Gebrechliche erblickend, seine Geschwindigkeit bewundern würde?

Auch über die höchsten Halme der unberührten Felder würde jene dahineilen, hätte zarte Ähren in ihrem Laufe nicht verletzt,
selbst mitten durch das Meer, von brausender Woge emporgehoben, würde sie ihren Weg sich bahnen, hätte die schnellen Sohlen an der Meeresfläche nicht benetzt.

Dies ist eine an und für sich gewürdigte Schnelligkeit, nicht eine, die im Vergleich mit den Langsamsten gerühmt wird. Was, wenn du einen, der mit leichtem Fieber darniederliegt, gesund nennen würdest? Eine gute Gesundheit beruht nicht auf dem Maß der Krankheit.

(5) „Ein Weiser wird auf eine Weise affektlos genannt", sagt man, „wie man kernlose Granatäpfel nicht diejenigen nennt, in denen keine, sondern in denen weniger harte Kerne enthalten sind." Das ist falsch. Denn ich nehme bei einem vortrefflichen Mann nicht eine Verringerung, sondern ein Freisein von Übeln wahr; es dürfen keine vorhanden sein – nicht geringe; denn wenn irgendwelche existieren, werden sie sich steigern und [einen] derweil verwirren. Sowie ein stärkerer und vollständiger grauer Star die Augen erblinden lässt, so macht sie ein leichter trübe.

(6) Wenn du einem Weisen irgendwelche Gefühlsaufwallungen gestattest, wird die Vernunft ihnen nicht gewachsen sein und wie von einem Gebirgsbach fortgerissen werden, vor allem, wenn man ihm nicht einen einzigen Affekt zugesteht, mit dem er ringen soll, sondern alle. Mehr vermag eine Menge von noch so unbedeutenden [Gefühlen], als es die Heftigkeit eines einzig großen könnte.

(7) Habet pecuniae cupiditatem, sed modicam; habet ambitionem, sed non concitatam; habet iracundiam, sed placabilem; habet inconstantiam, sed minus vagam ac mobilem; habet libidinem, sed non insanam. Melius cum illo ageretur qui unum vitium integrum haberet quam cum eo qui leviora quidem, sed omnia.

(8) Deinde nihil interest quam magnus sit adfectus: quantuscumque est, parere nescit, consilium non accipit. Quemadmodum rationi nullum animal optemperat, non ferum, non domesticum et mite (natura enim illorum est surda suadenti), sic non sequuntur, non audiunt adfectus, quantulicumque sunt. Tigres leonesque numquam feritatem exuunt, aliquando summittunt, et cum minime expectaveris exasperatur torvitas mitigata. Numquam bona fide vitia mansuescunt.

(9) Deinde, si ratio proficit, ne incipient quidem adfectus; si invita ratione coeperint, invita perseverabunt. Facilius est enim initia illorum prohibere quam impetum regere.

Falsa est itaque ista mediocritas et inutilis, eodem loco habenda quo si quis diceret modice insaniendum, modice aegrotandum.

(7) Jemand hegt ein Verlangen nach Geld, aber ein maßvolles; er besitzt Ehrgeiz, aber keinen heftigen; er kennt den Jähzorn, aber einen leicht zu besänftigenden; er zeigt Wankelmut, jedoch einen weniger unsteten und veränderlichen; er hat Gelüste, aber keine übertriebenen. Besser könnte man mit demjenigen umgehen, der eine einzige schlechte Eigenschaft in voller Stärke besitzt, als mit dem, der zwar unbedeutende, aber alle [von ihnen] besitzt.

(8) Sodann ist es gar nicht von Wichtigkeit, wie heftig die Gefühlsaufwallung ist; wie unbedeutend auch immer sie ist, sie versteht es nicht, sich leiten zu lassen, sie nimmt keinen Rat an. So wie kein Tier der Vernunft gehorcht, nicht das wilde, nicht das zum Haus gehörige und sanfte (deren Wesen ist nämlich Zureden gegenüber taub), so geben die Affekte nicht nach, fügen sich nicht, wie gering sie auch sind. Tiger und Löwen legen niemals ihre Wildheit ab, manchmal bezähmen sie sich, und wenn man es am wenigsten erwartet, bricht das Wilde trotz der Besänftigung wieder hervor. Auch bei bestem Willen werden Laster niemals gemildert.

(9) Ferner, wenn die Vernunft Fortschritte macht, werden Affekte nicht einmal aufkommen; wenn sie gegen den Willen der Vernunft ihren Anfang genommen haben, werden sie gegen ihren Willen Bestand haben. Denn es ist leichter, ihre Anfänge zu unterbinden, als ihren Ansturm zu beherrschen.

Deshalb ist dieser Mittelweg falsch und schädlich, er muss ebenso behandelt werden, wie wenn einer behauptet, dass man mäßig verrückt werden, mäßig darniederliegen könnte.

(10) Sola virtus habet, non recipiunt animi mala temperamentum; facilius sustuleris illa quam rexeris. Numquid dubium est quin vitia mentis humanae inveterata et dura, quae morbos vocamus, inmoderata sint, ut avaritia, ut crudelitas, ut inpotentia [impietas]? Ergo inmoderati sunt et adfectus; ab his enim ad illa transitur.

(11) Deinde, si das aliquid iuris tristitiae, timori, cupiditati, ceteris motibus pravis, non erunt in nostra potestate. Quare? Quia extra nos sunt quibus inritantur; itaque crescent prout magnas habuerint minoresve causas quibus concitentur. Maior erit timor, si plus quo exterreatur aut propius aspexerit, acrior cupiditas quo illam amplioris rei spes evocaverit.

(12) Si in nostra potestate non est an sint adfectus, ne illud quidem est, quanti sint: si ipsis permisisti incipere, cum causis suis crescent tantique erunt quanti fient. Adice nunc quod ista, quamvis exigua sint, in maius excedunt; numquam perniciosa servant modum; quamvis levia initia morborum serpunt et aegra corpora minima interdum mergit accessio.

(13) Illud vero cuius dementiae est, credere quarum rerum extra nostrum arbitrium posita principia sunt, earum nostri esse arbitri terminos! Quomodo ad id finiendum satis valeo ad quod prohibendum parum valui, cum facilius sit excludere quam admissa conprimere?

(10) Allein die sittliche Vollkommenheit besitzt das rechte Maß, die Laster der Seele nehmen es nicht an; du dürftest sie wohl leichter beseitigen als beherrschen. Gibt es etwa einen Zweifel, dass die altgewohnten und verhärteten Verfehlungen des menschlichen Geistes, die wir Krankheiten nennen, maßlos sind, wie die Habgier, wie die Grausamkeit, wie die Zügellosigkeit? Also sind auch die Affekte maßlos; von den letzteren geht man nämlich zu den ersteren über.

(11) Weiter, wenn du die Traurigkeit, die Furcht, die Begierde, [und] die übrigen schlechten Regungen gewähren lässt, werden sie nicht unter unserer Herrschaft stehen. Warum? Weil das, wodurch sie hervorgerufen werden, außerhalb von uns liegt; daher werden sie sich in dem Maße steigern, wie die Gründe, aus denen sie entstehen, für groß oder für geringer gehalten werden. Die Furcht wird größer sein, wenn man das, wodurch sie aufgeschreckt wird, häufiger oder näher betrachtet hat, die Begierde heftiger, weil die Aussicht auf Bedeutenderes sie hervorgelockt hat.

(12) Wenn es nicht in unserer Macht steht, ob Affekte vorhanden sind, steht es freilich [auch] nicht in unserer Macht, wie heftig sie sind: wenn du ihnen erlaubt hast, ihren Anfang zu nehmen, werden sie mit ihren Ursachen wachsen und so groß werden, wie man sie lässt. Nun nimm hinzu, dass derartige Dinge, mögen sie noch so unbedeutend sein, in Größeres ausarten; Verderbliches hält niemals Maß: noch so milde Anfänge von Krankheiten breiten sich unbemerkt aus und der Eintritt des Fiebers stürzt den angegriffenen Körper zuweilen ins Verderben.

(13) Folgendes aber ist ein Zeichen für den Wahnsinn: zu glauben, dass die Grenzen von etwas, dessen Ursprünge außerhalb unserer Entscheidungsgewalt gelegen sind, sich in unserer Entscheidungsgewalt befinden! Wie vermag ich, dasjenige hinreichend zu beschränken, das zu verhindern ich zu wenig vermocht habe, obwohl es leichter ist, etwas fernzuhalten, als das, was eingelassen wurde, niederzuhalten?

(14) Quidam ita distinxerunt ut dicerent: 'Temperans ac prudens positione quidem mentis et habitu tranquillus est, eventu non est. Nam, quantum ad habitum mentis suae, non perturbatur nec contristatur nec timet, sed multae extrinsecus causae incidunt quae illi perturbationem adferant.'

(15) Tale est quod volunt dicere: iracundum quidem illum non esse, irasci tamen aliquando; et timidum quidem non esse, timere tamen aliquando, id est vitio timoris carere, adfectu non carere. Quod si recipitur, usu frequenti timor transibit in vitium, et ira in animum admissa habitum illum ira carentis animi retexet.

(16) Praeterea si non contemnit venientes extrinsecus causas et aliquid timet, cum fortiter eundum erit adversus tela, ignes, pro patria, legibus, libertate, cunctanter exibit et animo recedente. Non cadit autem in sapientem haec diversitas mentis.

(17) Illud praeterea iudico observandum, ne duo quae separatim probanda sunt misceamus; per se enim colligitur unum bonum esse quod honestum, per se rursus ad vitam beatam satis esse virtutem. Si unum bonum est quod honestum, omnes concedunt ad beate vivendum sufficere virtutem; e contrario non remittetur, si beatum sola virtus facit, unum bonum esse quod honestum est.

(14) Manche haben es auf eine Weise unterschieden, dass sie sagten: „Der Maßvolle und der Einsichtige ist zwar aufgrund seiner Verfassung und der erworbenen Eigentümlichkeit des Geistes gelassen, [jedoch] nicht nach einem zufälligen Ereignis. Denn sofern es seine erworbene Eigentümlichkeit des Geistes betrifft, wird er nicht in Verwirrung gebracht, [und] nicht betrübt, fürchtet sich auch nicht; viele Ursachen jedoch, die bei ihm Verwirrung hervorrufen, treten von außen ein."

(15) Was sie sagen wollen, ist Folgendes: jener sei zwar nicht jähzornig, aber manchmal erzürnt; und er sei zwar nicht furchtsam, fürchtet sich aber manchmal; das meint, er sei frei von der Verfehlung der Furcht, nicht, er habe keine Gefühlsaufwallung. Wenn man dieses annimmt, wird die Furcht bei häufigem Auftreten zu einer schlechten Eigenschaft übergehen, und der im Herzen eingelassene Zorn wird jene erworbene Eigentümlichkeit des Geistes, die frei von Zorn ist, wieder auflösen.

(16) Wenn er außerdem den von außen kommenden Ursachen nicht trotzt und doch irgendetwas fürchtet, wenn fürs Vaterland, für die Gesetze, für die Freiheit tapfer den Geschossen, den Feuersbrünsten entgegenmarschiert werden muss, wird er zaudernd und mit schwindender Zuversicht ausrücken. Auf einen Weisen aber treffen diese Widersprüche des Geistes nicht zu.

(17) Außerdem ist dies zu beachten, meine ich, dass wir nicht zwei [Aussagen], die getrennt untersucht werden müssen, vermengen; [als Aussage] an sich wird nämlich der Schluss gezogen, dass einzig gut ist, was sittlich gut ist, andererseits [ebenso] an sich, dass Tugendhaftigkeit für ein glückliches Leben genügend ist. Wenn einzig gut ist, was sittlich gut ist, räumen alle ein, dass Tugendhaftigkeit ausreicht, um glücklich zu leben. Dagegen wird nicht zugestanden, dass, wenn allein die Tugendhaftigkeit glücklich macht, einzig gut ist, was sittlich gut ist.

(18) Xenocrates et Speusippus putant beatum vel sola virtute fieri posse, non tamen unum bonum esse quod honestum est. Epicurus quoque iudicat, cum virtutem habeat, beatum esse, sed ipsam virtutem non satis esse ad beatam vitam, quia beatum efficiat voluptas quae ex virtute est, non ipsa virtus. Inepta distinctio: idem enim negat umquam virtutem esse sine voluptate. Ita si ei iuncta semper est atque inseparabilis, et sola satis est; habet enim secum voluptatem, sine qua non est etiam cum sola est.

(19) Illud autem absurdum est, quod dicitur beatum quidem futurum vel sola virtute, non futurum autem perfecte beatum; quod quemadmodum fieri possit non reperio. Beata enim vita bonum in se perfectum habet, inexsuperabile; quod si est, perfecte beata est. Si deorum vita nihil habet maius aut melius, beata autem vita divina est, nihil habet in quod amplius possit attolli.

(20) Praeterea, si beata vita nullius est indigens, omnis beata vita perfecta est eademque est et beata et beatissima. Numquid dubitas quin beata vita summum bonum sit? Ergo si summum bonum habet, summe beata est. Quemadmodum summum bonum adiectionem non recipit (quid enim supra summum erit?), ita ne beata quidem vita, quae sine summo bono non est. Quod si aliquem 'magis' beatum induxeris, induces et 'multo magis'; innumerabilia discrimina summi boni facies, cum summum bonum intellegam quod supra se gradum non habet.

(18) Xenokrates und Speusippos glauben, dass Glückseligkeit auch durch Tugendhaftigkeit allein bewirkt werden kann, nicht jedoch, dass einzig gut ist, was sittlich gut ist. Auch Epikur meint, dass er glücklich ist, weil er sich im Besitz der Tugendhaftigkeit befindet, die Tugendhaftigkeit an sich aber nicht ausreichend für ein glückliches Leben sei, weil das Vergnügen, das infolge der Tugendhaftigkeit vorhanden ist, [und] nicht die Tugendhaftigkeit selbst das Glück hervorbringe. Eine untaugliche Unterscheidung: denn derselbe behauptet, dass es ohne Vergnügen niemals eine Tugendhaftigkeit gibt. Wenn sie also immer und untrennbar mit ihr verknüpft ist, ist sie sich auch allein genügend. Sie trägt nämlich das Vergnügen mit sich, ohne das sie, selbst wenn sie allein ist, nicht existiert.

(19) Dieses ist jedoch sinnlos, weil gesagt wird, dass man zwar auch allein aufgrund der Tugendhaftigkeit glücklich sein wird, dass man jedoch nicht vollkommen glücklich sein wird; auf welche Weise das zuwege gebracht werden könnte, sehe ich nicht. Ein glückseliges Leben trägt nämlich ein vollkommenes, ein unübertreffliches Gut in sich; wenn das der Fall ist, ist es vollkommen glücklich. Wenn das Leben der Götter nichts Bedeutenderes oder Besseres an sich hat, ein glückliches Leben aber göttlich ist, besitzt es nichts, zu dem es weiter aufsteigen könnte.

(20) Weiter: wenn ein Leben, dem es nach nichts verlangt, glücklich ist, ist jedes glückliche Leben vollkommen und zugleich sowohl glücklich als auch am glücklichsten. Zweifelst du etwa daran, dass ein glückliches Leben das höchste Gut ist? Wenn es nun das höchste Gut in sich trägt, ist es im höchsten Grade glücklich. So wie das höchste Gut keine Steigerung zulässt (was wird denn oberhalb des Höchsten stehen?), so auch nicht das glückliche Leben, das ohne das höchste Gut nicht existiert. Wenn du also irgendjemand als „im höheren Grade" glücklich einführst, führst du ihn auch als „im höchsten Grade" [glücklich] ein. Unzählige Unterscheidungen des höchsten Guts wirst du hervorbringen, während ich mir ein höchstes Gut bewusst mache, das über sich keine Stufe hat.

(21) Si est aliquis minus beatus quam alius, sequitur ut hic alterius vitam beatioris magis concupiscat quam suam; beatus autem nihil suae praefert. Utrumlibet ex his incredibile est, aut aliquid beato restare quod esse quam quod est malit, aut id illum non malle quod illo melius est. Utique enim quo prudentior est, hoc magis se ad id quod est optimum extendet et id omni modo consequi cupiet. Quomodo autem beatus est qui cupere etiamnunc potest, immo qui debet?

(22) Dicam quid sit ex quo veniat hic error: nesciunt beatam vitam unam esse. In optimo illam statu ponit qualitas sua, non magnitudo; itaque in aequo est longa et brevis, diffusa et angustior, in multa loca multasque partes distributa et in unum coacta. Qui illam numero aestimat et mensura et partibus, id illi quod habet eximium eripit. Quid autem est in beata vita eximium? Quod plena est.

(23) Finis, ut puto, edendi bibendique satietas est. Hic plus edit, ille minus: quid refert? Uterque iam satur est. Hic plus bibit, ille minus: quid refert? Uterque non sitit. Hic pluribus annis vixit, hic paucioribus: nihil interest si tam illum multi anni beatum fecerunt quam hunc pauci. Ille quem tu minus beatum vocas non est beatus: non potest hoc nomen inminui.

(21) Wenn jemand weniger glücklich ist als ein anderer, folgt daraus, dass er ein stärkeres Verlangen nach dem Leben des anderen, des glücklicheren hegt als nach seinem eigenen; der Glückliche jedoch zieht dem eigenen [Leben] nichts vor. Jede der beiden folgenden [Aussagen] ist unglaubwürdig: einerseits, dass irgendetwas dem Glücklichen verbleibt, was er lieber sein will als das, was er ist, andererseits, dass er dasjenige nicht lieber will, was besser für ihn ist. Zumal freilich [gilt]: je einsichtiger einer ist, desto eher wird er sich nach dem ausstrecken, was am besten ist, und sich wünschen, es auf jede Art und Weise zu erreichen. Wie glücklich aber ist derjenige, der noch immer etwas wünschenswert finden kann, ja vielmehr muss?

(22) Ich werde dir sagen, was es wohl ist, woraus dieser Irrtum erwächst: man versteht nicht, dass das glückliche Leben ein einziges ist. Seine ihm eigene Beschaffenheit bringt es in den besten Zustand, nicht seine Größe; es ist daher im gleichen Verhältnis lang und kurz, ausgedehnt und beschränkter, auf viele Gegenden und in viele Richtungen verteilt und auf einen einzigen [Ort] verdichtet. Wer es nach bloßer Zahl, [und] nach Umfang und nach Gegenden beurteilt, der raubt ihm, was es an Besonderem besitzt. Was jedoch ist das Besondere an einem glücklichen Leben? Das es vollkommen ist.

(23) Der Zweck des Essens und des Trinkens ist, wie ich meine, die Sättigung. Der eine isst mehr, der andere weniger: was kommt es darauf an? Jeder von beiden ist vollends gesättigt. Der eine trinkt mehr, der andere weniger: was kommt es darauf an? Keiner von beiden dürstet. Der eine hat viele Jahre gelebt, der andere wenige: es besteht überhaupt kein Unterschied, wenn die vielen Jahre den einen ebenso glücklich gemacht haben, wie die wenigen den anderen. Derjenige, den du weniger glücklich nennst, ist nicht glücklich: dieses Wort kann nicht abgeschwächt werden.

(24) 'Qui fortis est sine timore est; qui sine timore est sine tristitia est; qui sine tristitia est beatus est.'

Nostrorum haec interrogatio est. Adversus hanc sic respondere conantur: falsam nos rem et controversiosam pro confessa vindicare, eum qui fortis est sine timore esse. 'Quid ergo?' inqui. 'Fortis inminentia mala non timebit? Istuc dementis alienatique, non fortis est. Ille vero', inquit, 'moderatissime timet, sed in totum extra metum non est.'

(25) Qui hoc dicunt rursus in idem revolvuntur, ut illis virtutum loco sint minora vitia; nam qui timet quidem, sed rarius et minus, non caret malitia, sed leviore vexatur. 'At enim dementem puto qui mala inminentia non extimescit.' Verum est quod dicis, si mala sunt; sed si scit mala illa non esse et unam tantum turpitudinem malum iudicat, debebit secure pericula aspicere et aliis timenda contemnere. Aut si stulti et amentis est mala non timere, quo quis prudentior est, hoc timebit magis.

(26) 'Ut vobis', inquit, 'videtur, praebebit se periculis fortis.' Minime: non timebit illa sed vitabit; cautio illum decet, timor non decet. 'Quid ergo?', inquit. 'Mortem, vincula, ignes, alia tela fortunae non timebit?' Non; scit enim illa non esse mala sed videri; omnia ista humanae vitae formidines putat.

(24) „Wer tapfer ist, ist furchtlos; wer furchtlos ist, ist ohne Traurigkeit; wer ohne Traurigkeit ist, ist glücklich."

Das ist eine Schlussfolgerung der Unsrigen. Gegner versuchen diese folgendermaßen zu erwidern: wir würden etwas Falsches und Umstrittenes als allgemein anerkannt in Anspruch nehmen, dass [nämlich] derjenige, der tapfer ist, furchtlos sei. „Was nun also?", fragt man. „Wird ein tapferer Mann bevorstehende Übel nicht fürchten? Das ist typisch für den Wahnsinnigen und den Verrücktgewordenen, nicht für den Tapferen. Letzterer", sagt man, „fürchtet sich in der Tat sehr maßvoll, aber er ist nicht gänzlich frei von Furcht."

(25) Die das sagen, rollen noch einmal dasselbe auf: dass ihnen kleinere Verfehlungen als Tugenden gelten; denn derjenige, der sich zwar fürchtet, jedoch seltener und weniger, ist nicht frei von einer schlechten Denk- und Handlungsweise, sondern er wird [nur] nicht allzu ernsthaft [davon] beunruhigt. „Aber freilich halte ich einen für wahnsinnig, der angesichts bevorstehender Übel nicht in Furcht gerät." Was du sagst, ist richtig, wenn es wirklich Übel sind; wenn er aber versteht, dass jene keine Übel sind, und er allein nur die Schändlichkeit für ein Übel hält, wird er den Gefahren unbekümmert ins Auge schauen und das geringschätzen müssen, was von anderen zu fürchten ist. Oder aber er wird sich – wenn es typisch für den Törichten und Kopflosen ist, Übel nicht zu fürchten – umso mehr fürchten, je klüger er ist.

(26) „Eurer Meinung nach", heißt es, „wird er sich tapfer den Gefahren aussetzen." Durchaus nicht: er wird sie nicht fürchten, sondern meiden; Vorsicht ist für ihn angemessen, Furcht unangemessen. „Was nun also?" wird man sagen. „Tod, Gefängnis, Feuersbrünste, andere Geschosse des Schicksals wird er nicht fürchten?" Nein; er weiß nämlich, dass es keine Übel sind, sondern [nur] dafür gehalten werden; all diese sieht er als Schreckbilder des menschlichen Lebenswandels an.

(27) Describe captivitatem, verbera, catenas, egestatem et membrorum lacerationes vel per morbum vel per iniuriam et quidquid aliud adtuleris: inter lymphatos metus numerat. Ista timidis timenda sunt. An id existimas malum ad quod aliquando nobis nostra sponte veniendum est?

(28) Quaeris quid sit malum? Cedere iis quae mala vocantur et illis libertatem suam dedere, pro qua cuncta patienda sunt: perit libertas nisi illa contemnimus quae nobis iugum inponunt. Non dubitarent quid conveniret forti viro si scirent quid esset fortitudo. Non est enim inconsulta temeritas nec periculorum amor nec formidabilium adpetitio: scientia est distinguendi quid sit malum et quid non sit. Diligentissima in tutela sui fortitudo est et eadem patientissima eorum quibus falsa species malorum est.

(29) 'Quid ergo? Si ferrum intentatur cervicibus viri fortis, si pars subinde alia atque alia suffoditur, si viscera sua in sinu suo vidit, si ex intervallo, quo magis tormenta sentiat, repetitur et per adsiccata vulnera recens demittitur sanguis, non timet? Istum tu dices nec dolere?' Iste vero dolet (sensum enim hominis nulla exuit virtus), sed non timet: invictus ex alto dolores suos spectat. Quaeris quis tunc animus illi sit? Qui aegrum amicum adhortantibus.

(27) Schildere [ihm] eine Gefangenschaft, Schläge, Ketten, Armut und das Zerreißen von Gliedern – entweder durch Krankheit oder durch Strafe – und alles übrige, was du anführen magst: er zählt es zu den verstandeslosen Ängsten. Diese sind von den Furchtsamen zu fürchten. Oder erachtest du das als ein Übel, wozu wir zuweilen aus eigenem Antrieb hingelangen müssen?

(28) Du fragst, was ein Übel ist? Den Dingen nachzugeben, die Übel genannt werden und ihnen seine Freiheit, für die alles erduldet werden muss, zu opfern: die Freiheit geht verloren, wenn wir das, was uns das Joch aufsetzt, nicht zurückweisen. Sie würden nicht bezweifeln, was sich für einen tapferen Mann geziemt, wenn sie wüssten, was Tapferkeit ist. Denn sie ist nicht die unbedachte Verwegenheit, nicht das Verlangen nach Gefahren und auch nicht ein Streben nach furchtbaren Dingen: es ist die Erkenntnis, dass man genau bestimmen muss, was ein Übel ist und was es nicht ist. Zur Aufrechterhaltung seiner selbst ist die Tapferkeit ausgesprochen umsichtig und ebenso sehr geduldig ist sie im Ertragen dessen, was auf einer falschen Vorstellung von Übeln beruht.

(29) „Was nun also? Wenn ein Schwert drohend gegen den Hals eines tapferen Mannes gerichtet wird, wenn ein Körperteil unmittelbar nach dem anderen durchbohrt wird, wenn er seine Eingeweide in seinem Schoß erblickt hat, wenn das nach einer Pause wiederholt wird, damit er dadurch die Qualen umso mehr empfindet, und Blut über die eben erst getrockneten Wunden herabströmt, [dann] fürchtet er sich nicht? Wirst du behaupten, dass er auch kein Schmerz empfindet?" Er empfindet gewiss den Schmerz (denn die sittliche Vollkommenheit beseitigt nicht das Empfindungsvermögen des Menschen), aber er fürchtet sich nicht: unerschütterlich betrachtet er aus der Höhe seine Schmerzen. Du willst wissen, welche Empfindung er dann hat? Wie diejenigen, die einen kranken Freund aufmuntern.

(30) 'Quod malum est nocet; quod nocet deteriorem facit; dolor et paupertas deteriorem non faciunt; ergo mala non sunt.'

'Falsum est', inquit, 'quod proponitis; non enim, si quid nocet, etiam deteriorem facit. Tempestas et procella nocet gubernatori, non tamen illum deteriorem facit.'

(31) Quidam e Stoicis ita adversus hoc respondent: deteriorem fieri gubernatorem tempestate ac procella, quia non possit id quod proposuit efficere nec tenere cursum suum; deteriorem illum in arte sua non fieri, in opere fieri. Quibus Peripateticus 'ergo', inquit, 'et sapientem deteriorem faciet paupertas, dolor, et quidquid aliud tale fuerit; virtutem enim illi non eripiet, sed opera eius inpediet.'

(32) Hoc recte diceretur nisi dissimilis esset gubernatoris condicio et sapientis. Huic enim propositum est in vita agenda non utique quod temptat efficere, sed omnia recte facere: gubernatori propositum est utique navem in portum perducere. Artes ministrae sunt, praestare debent quod promittunt, sapientia domina rectrixque est; artes serviunt vitae, sapientia imperat.

(30) „Was ein Übel ist, das schadet; was schadet, macht einen schlechter; Schmerz und Armut machen einen nicht schlechter; folglich sind sie keine Übel."

„Es ist falsch, was ihr anführt", wird gesagt, „denn wenn etwas schadet, macht es nicht auch schlechter. Schlechtes Wetter und Sturm schaden dem Steuermann, sie machen ihn dennoch nicht schlechter."

(31) Dem entgegengewandt antworten einige unter den Stoikern folgendermaßen: durch Unwetter und Sturm werde der Steuermann schlechter gemacht, weil er nicht dazu im Stande sei, das, was er sich vorgenommen hat, auszuführen und seinen Kurs zu halten; nicht in seiner Fertigkeit werde es ihn schlechter machen, er werde es in Hinsicht auf seine Tätigkeit. Diesen erwidert der Peripatetiker: „Also macht Armut, Schmerz und alles andere von solcher Art auch den Weisen schlechter; die Tugend wird ihm nämlich nicht entrissen, sondern deren Ausübung wird gehemmt."

(32) Das könnte man zurecht behaupten, wenn die Lage des Steuermanns und des Weisen ähnlich wäre. Letzterer hat nämlich hinsichtlich der Lebensführung den Vorsatz, nicht um jeden Preis zu Ende zu bringen, was er erprobt, sondern alles richtig zu machen: der Steuermann hat die Aufgabe, das Schiff unter allen Umständen in den Hafen zu leiten. Die Fertigkeiten sind Dienerinnen, sie müssen leisten, was sie in Aussicht stellen, die Weisheit ist Herrin und Lenkerin; Fertigkeiten dienen dem Leben, die Weisheit gebietet ihm.

(33) Ego aliter respondendum iudico: nec artem gubernatoris deteriorem ulla tempestate fieri nec ipsam administrationem artis. Gubernator tibi non felicitatem promisit sed utilem operam et navis regendae scientiam; haec eo magis apparet quo illi magis aliqua fortuita vis obstitit. Qui hoc potuit dicere: 'Neptune, numquam hanc navem nisi rectam', arti satis fecit: tempestas non opus gubernatoris inpedit sed successum.

(34) 'Quid ergo?', inquit, 'non nocet gubernatori ea res quae illum tenere portum vetat, quae conatus eius inritos efficit, quae aut refert illum aut detinet et exarmat?' Non tamquam gubernatori, sed tamquam naviganti nocet: alioqui <gubernator ille non est.> Gubernatoris artem adeo non inpedit ut ostendat; tranquillo enim, ut aiunt, quilibet gubernator est. Navigio ista obsunt, non rectori eius, qua rector est.

(35) Duas personas habet gubernator, alteram communem cum omnibus qui eandem conscenderunt navem: ipse quoque vector est; alteram propriam: gubernator est. Tempestas tamquam vectori nocet, non tamquam gubernatori.

(36) Deinde gubernatoris ars alienum bonum est: ad eos quos vehit pertinet, quomodo medici ad eos quos curat: <sapientis> commune bonum est: <est> et eorum cum quibus vivit et proprium ipsius. Itaque gubernatori fortasse noceatur cuius ministerium aliis promissum tempestate inpeditur:

(33) Ich bin der Meinung, dass auf andere Weise geantwortet werden muss: weder wird die Fertigkeit des Steuermanns durch irgendein Unwetter verschlechtert noch die Ausführung der Fertigkeit an sich. Der Steuermann hat dir nicht die Glückseligkeit in Aussicht gestellt, sondern eine nützliche Tätigkeit und die Kenntnis, ein Schiff zu führen; sie offenbart sich umso eher, je stärker ihr irgendein zufälliger Einfluss entgegensteht. Wer dieses sagen konnte: „Neptun, nie und nimmer [kontrollierst du] dieses Schiff außer auf dem direkten Kurs", hat seiner Fertigkeit genüge getan: ein Unwetter behindert nicht die Tätigkeit des Steuermanns, sondern ein erfolgreiches Vonstattengehen.

(34) „Was also?", sagt man. „Schadet dem Steuermann nicht ein solches Ereignis, das ihn daran hindert, den Hafen anzusteuern, das seine Anstrengungen vergeblich macht, das ihn entweder zurück verschlägt oder aufhält und ihn abtakeln lässt?" Es schadet ihm nicht so sehr [in der Eigenschaft] als Steuermann, sondern wie jedem, der in See sticht. Überhaupt behindert es die Fertigkeit des Steuermanns nur insoweit, dass er sie erkennen lässt; denn, wie es heißt, ist bei Windstille der Erstbeste ein [guter] Steuermann. Sie schaden dem Schiff, nicht seinem Führer, sofern er [denn] wirklich ein Schiffsführer ist.

(35) Der Steuermann hat zwei Rollen inne, die eine, die er mit allen gemeinsam hat, die dasselbe Schiff bestiegen haben: er ist auch selbst ein Reisender; die andere, die [nur] ihm eigentümlich ist: er ist der Steuermann. Das Unwetter schadet ihm als Reisenden, nicht als Steuermann.

(36) Sodann ist die Fertigkeit des Steuermanns ein fremdes Gut: es dient denen, die er befördert, wie die [Fertigkeit] eines Arztes denen, die er behandelt: das Gut des Weisen ist ein Gemeingut: sowohl derer, mit denen er lebt, als auch sein persönliches Eigentum. Daher könnte dem Steuermann vielleicht ein Schaden zugefügt werden, [weil] dessen Dienst, der den anderen zugesichert wurde, durch das Unwetter behindert wird:

(37) sapienti non nocetur a paupertate, non a dolore, non ab aliis tempestatibus vitae. Non enim prohibentur opera eius omnia, sed tantum ad alios pertinentia: ipse semper in actu est, in effectu tunc maximus cum illi fortuna se opposuit; tunc enim ipsius sapientiae negotium agit, quam diximus et alienum bonum esse et suum.

(38) Praeterea ne aliis quidem tunc prodesse prohibetur cum illum aliquae necessitates premunt. Propter paupertatem prohibetur docere quemadmodum tractanda res publica sit, at illud docet, quemadmodum sit tractanda paupertas. Per totam vitam opus eius extenditur. Ita nulla fortuna, nulla res actus sapientis excludit; id enim ipsum agit quo alia agere prohibetur. Ad utrosque casus aptatus est: bonorum rector est, malorum victor.

(39) Sic, inquam, se exercuit ut virtutem tam in secundis quam in adversis exhiberet nec materiam eius sed ipsam intueretur; itaque nec paupertas illum nec dolor nec quidquid aliud inperitos avertit et praecipites agit prohibet. Tu illum premi putas malis? Utitur.

(37) dem Weisen wird durch Armut kein Schaden zugefügt, nicht durch Schmerz, nicht durch die übrigen Stürme des Lebens. Es werden nämlich nicht all seine Betätigungen behindert, sondern nur diejenigen, die sich auf die anderen erstrecken: er selbst ist immer in Tätigkeit, [und] in seiner Wirksamkeit dann am größten, wenn sich das Schicksal ihm entgegengestellt hat; dann nämlich betreibt er das Geschäft der Weisheit selbst, die, wie wir sagten, sowohl ein Gut anderer als auch sein eigenes ist.

(38) Außerdem wird er nicht daran gehindert, selbst dann für andere nützlich zu sein, wenn ihn irgendwelche Notlagen in Bedrängnis bringen. Aus Armut wird er daran gehindert zu lehren, auf welche Weise der Staat geführt werden muss, aber wie die Armut behandelt werden muss, so viel lehrt er. Seine Tätigkeit wird auf das ganze Leben ausgedehnt. Also macht kein Schicksalsschlag, keine Sache das Tun des Weisen zunichte; er tut nämlich genau das, wodurch er davon abgehalten wird, andere Dinge zu tun. Für beide Fälle ist er gerüstet: er ist Herrscher über die Güter, Sieger über die Übel.

(39) Er hat sich auf solche Weise ausgebildet, sage ich, dass er seine Tugend im Glück wie im Unglück beweist und nicht ihren Gegenstand, sondern sie selbst betrachtet; deshalb hindern ihn weder Armut noch Schmerz noch alles andere, was die Unerfahrenen ablenkt und kopflos umhertreibt. Du glaubst, dass er von den üblen Dingen bedrückt wird? Er bedient sich ihrer.

(40) Non ex ebore tantum Phidias sciebat facere simulacra; faciebat ex aere. Si marmor illi, si adhuc viliorem materiam obtulisses, fecisset quale ex illa fieri optimum posset. Sic sapiens virtutem, si licebit, in divitiis explicabit, si minus, in paupertate; si poterit, in patria, si minus, in exilio; si poterit, imperator, si minus, miles; si poterit, integer, si minus, debilis. Quamcumque fortunam acceperit, aliquid ex illa memorabile efficiet.

(41) Certi sunt domitores ferarum qui saevissima animalia et ad occursum expavescenda hominem pati subigunt nec asperitatem excussisse contenti usque in contubernium mitigant: leonis faucibus magister manum insertat, osculatur tigrim suus custos, elephantum minimus Aethiops iubet subsidere in genua et ambulare per funem. Sic sapiens artifex est domandi mala: dolor, egestas, ignominia, carcer, exilium ubique horrenda, cum ad hunc pervenere, mansueta sunt. Vale.

(40) Phidias hat es verstanden, plastische Bildwerke nicht nur aus Elfenbein herzustellen; aus Bronze schuf er sie. Wenn du ihm Marmor, wenn du ihm irgendwann billigeres Material angeboten hättest, hätte er erschaffen, was daraus am Besten erschaffen werden kann. Auf diese Weise wird der Weise die sittliche Vollkommenheit, wenn es möglich ist, im Reichtum entfalten, wenn nicht, in Armut; wenn er es kann, im Vaterland, wenn nicht, in der Verbannung; wenn er es kann, als Befehlshaber, wenn nicht, als Fußsoldat; wenn er es kann, bei voller Kraft, wenn nicht, gebrechlich. Was auch immer für ein Schicksal er empfängt, er wird daraus etwas Denkwürdiges schaffen.

(41) Es gibt bestimmte Tierbändiger, welche die wildesten Geschöpfe, vor deren Begegnung man sich fürchten muss, dazu zwingen, den Menschen zu ertragen, und, sich nicht damit begnügend, ihre Wildheit ausgetrieben zu haben, sie bis zu einem vertrauten Umgang hin verweichlichen: in den Rachen des Löwen steckt der Meister seine Hand hinein, den Tiger küsst sein Wärter, dem Elefanten befiehlt der kleinste dunkelhäutige Mensch, in die Knie und über ein Seil zu gehen. Geradeso ist der Weise ein Meister darin, die Übel zu bezähmen: Schmerz, bittere Armut, Entehrung, Kerker, Verbannung, allüberall Schauder erregend, sind gemildert, wenn sie an ihn geraten. Lebe wohl.

―――――

Liber XI-XIII – Epistula LXXXVI

Seneca Lucilio suo Salutem,

(1) In ipsa Scipionis Africani villa iacens haec tibi scribo, adoratis manibus eius et ara, quam sepulchrum esse tanti viri suspicor. Animum quidem eius in caelum ex quo erat redisse persuadeo mihi, non quia magnos exercitus duxit (hos enim et Cambyses furiosus ac furore feliciter usus habuit), sed ob egregiam moderationem pietatemque, quam magis in illo admirabilem iudico cum reliquit patriam quam cum defendit. Aut Scipio Romae esse debebat aut Roma in libertate.

(2) 'Nihil', inquit, 'volo derogare legibus, nihil institutis; aequum inter omnes cives ius sit. Utere sine me beneficio meo, patria. Causa tibi libertatis fui, ero et argumentum: exeo, si plus quam tibi expedit crevi.'

(3) Quidni ego admirer hanc magnitudinem animi, qua in exilium voluntarium secessit et civitatem exoneravit? Eo perducta res erat ut aut libertas Scipioni aut Scipio libertati faceret iniuriam. Neutrum fas erat; itaque locum dedit legibus et se Liternum recepit tam suum exilium rei publicae inputaturus quam Hannibalis.

Buch 11-13 – Brief 86

Seneca grüßt seinen Lucilius,

(1) Direkt aus dem Landhaus des Scipio Africanus, wo ich mich [gerade] aufhalte, schreibe ich dir dies hier, nachdem ich dessen Schar und dem Altar, von dem ich annehme, dass er das Grabmal des so großen Mannes ist, meine Verehrung bezeugt habe. Ich bin überzeugt, dass seine Seele gewiss in den Himmel zurückgekehrt ist, aus der sie stammte, nicht weil er große Kriegsheere befehligt hat (denn diese hatte auch Kambyses an seiner Seite, obgleich wahnsinnig und er sich den Wahnsinn sogar Glück bringend zunutze machte), sondern wegen seiner außergewöhnlichen Selbstbeherrschung und seiner Vaterlandsliebe, die ich bei ihm für bewundernswerter halte zu der Zeit, als er das Vaterland verlassen hat, als zu der, wo er es verteidigte. Es war bestimmt, dass sich entweder Scipio in Rom oder sich Rom in Freiheit befand.

(2) „Auf keinen Fall", sagt er, „will ich einen Teil der Gesetze, auf keinen Fall einen Teil der [althergebrachten] Einrichtungen aufheben; unter allen Bürgern soll gleiches Recht gelten. Erfreue dich ohne mich an meinem Verdienste, Vaterland. Ich bin der Urheber deiner Freiheit gewesen, ich werde auch der Beweis dafür sein: wenn ich nämlich größer geworden bin, als es dir förderlich ist, gehe ich fort."

(3) Warum sollte ich nicht eine solche Größe des Geistes bewundern, aufgrund derer er sich aus freiem Willen in die Verbannung zurückgezogen und die Bürgerschaft [von einer Last] erleichtert hat? Die Angelegenheit war bis zu einem Punkt fortgesetzt worden, dass entweder die Freiheit Scipio oder Scipio der Freiheit Unrecht tat. Keines von beiden war göttliches Gebot; deshalb hat er den Gesetzen nachgegeben und sich nach Liternum zurückgezogen, in der Absicht, die eigene Verbannung ebenso dem Gemeinwesen zu widmen wie die von Hannibal.

(4) Vidi villam extructam lapide quadrato, murum circumdatum silvae, turres quoque in propugnaculum villae utrimque subrectas, cisternam aedificiis ac viridibus subditam quae sufficere in usum vel exercitus posset, balneolum angustum, tenebricosum ex consuetudine antiqua: non videbatur maioribus nostris caldum nisi obscurum.

(5) Magna ergo me voluptas subiit contemplantem mores Scipionis ac nostros: in hoc angulo ille 'Carthaginis horror', cui Roma debet quod tantum semel capta est, abluebat corpus laboribus rusticis fessum. Exercebat enim opere se terramque (ut mos fuit priscis) ipse subigebat. Sub hoc ille tecto tam sordido stetit, hoc illum pavimentum tam vile sustinuit: at nunc quis est qui sic lavari sustineat?

(6) Pauper sibi videtur ac sordidus nisi parietes magnis et pretiosis orbibus refulserunt, nisi Alexandrina marmora Numidicis crustis distincta sunt, nisi illis undique operosa et in picturae modum variata circumlitio praetexitur, nisi vitro absconditur camera, nisi Thasius lapis, quondam rarum in aliquo spectaculum templo, piscinas nostras circumdedit, in quas multa sudatione corpora exsaniata demittimus, nisi aquam argentea epitonia fuderunt.

(4) Ich habe [mir] das aus Quadersteinen errichtete Landhaus angesehen, die ringsum angelegte Mauer des Parks, auch die an den beiden Seiten des Landhauses zur Befestigung emporgerichteten Türme, die bei den Gebäuden und den Gärten angelegte Zisterne, die sogar für den Bedarf eines Heeres hätte genügen können, ein enges, kleines Bad, dunkel nach alter Sitte: unseren Vorfahren erschien es nur warm, wenn es dunkel war.

(5) Bei der geistigen Betrachtung der Gebräuche Scipios und die der Unserigen beschlich mich folglich ein beträchtliches Vergnügen: in diesem Winkel reinigte der ‚Schrecken Karthagos', dem Rom verdankt, dass es nur einmal erobert worden ist, den von den bäuerlichen Arbeiten erschöpften Körper. Er übte sich nämlich in der Feldarbeit und bearbeitete selbst das Land (wie es bei den Altehrwürdigen Sitte war). Unter diesem so armseligen Dach stand er, dieser so billige Fußboden trug ihn: wen gibt es hingegen heutzutage, der es aushalten würde, derart ein Bad zu nehmen?

(6) Arm und schäbig wird er sich vorkommen, wenn die Wände nicht von großen und kostbaren Metallspiegeln zurückstrahlen, wenn die Marmorplatten aus Alexandria nicht mit numischem Marmor verziert sind, wenn sie nicht von allen Seiten mit einem kunstvollen und nach Art eines Gemäldes wechselnden Farbton eingefasst werden, wenn die gewölbte Decke nicht von Glas verborgen wird, wenn nicht der weiße Marmor aus Thasos, einstmals ein seltener Anblick [selbst] in einem Tempel, unsere Badebassins umschließt, in denen wir die nach viel Schwitzen gereinigten Körper eintauchen, wenn nicht silberne Armaturen das Wasser einströmen lassen.

(7) Et adhuc plebeias fistulas loquor: quid cum ad balnea libertinorum pervenero? Quantum statuarum, quantum columnarum est nihil sustinentium sed in ornamentum positarum impensae causa! Quantum aquarum per gradus cum fragore labentium! Eo deliciarum pervenimus ut nisi gemmas calcare nolimus.

(8) In hoc balneo Scipionis minimae sunt rimae magis quam fenestrae muro lapideo exsectae, ut sine iniuria munimenti lumen admitterent; at nunc blattaria vocant balnea, si qua non ita aptata sunt ut totius diei solem fenestris amplissimis recipiant, nisi et lavantur simul et colorantur, nisi ex solio agros ac maria prospiciunt. Itaque quae concursum et admirationem habuerant cum dedicarentur, ea in antiquorum numerum reiciuntur cum aliquid novi luxuria commenta est quo ipsa se obrueret.

(9) At olim et pauca erant balnea nec ullo cultu exornata: cur enim exornaretur res quadrantaria et in usum, non in oblectamentum reperta? Non suffundebatur aqua nec recens semper velut ex calido fonte currebat, nec referre credebant in quam perlucida sordes deponerent.

(7) Und bisher spreche ich über die Wasserleitungen der Plebejer: was [erst], wenn ich zu den Bädern der Freigelassenen komme? Wie viele Statuen es gibt, wie viele Säulen, die nichts stützen, sondern zur Zierde [nur] um des Aufwands willen aufgestellt worden sind! Welch große Wassermassen, die mit Getöse über Stufen herabfließen! Wir haben einen Grad an Komfort und Luxus erreicht, dass wir nur auf Edelsteine treten wollen.

(8) In diesem Bad Scipios sind eher kleinste Spalten anstatt eines Fensters aus der Steinmauer herausgeschlagen worden, um das Licht ohne Schaden an der Befestigung einzulassen; in unserer Zeit nennen sie Bäder jedoch „Bäder für Schaben", wenn sie nicht auf eine Weise angelegt wurden, dass sie den ganzen Tag lang das Sonnenlicht durch große Fenster empfangen, wenn man nicht gleichzeitig sowohl gebadet als auch gebräunt wird, wenn man aus der Wanne keine Aussicht über Ländereien und Meere hat. Daher wird das, was einen Auflauf und Bewunderung verursacht hatte, als es eingeweiht wurde, als altertümlich zurückgewiesen, sooft der Luxus etwas Neues ersonnen hat, mit dem er sich selbst übertrifft.

(9) Aber einst gab es auch [nur] wenige Bäder und sie wurden auch nicht mit irgendwelchem Komfort ausgestattet: warum hätte man denn etwas ausschmücken sollen, das für ein Viertelas zu haben war und das für eine Notwendigkeit, nicht fürs Vergnügen erfunden worden ist? Wasser wurde nicht zugegossen und es lief auch nicht sogleich nach wie aus einer warmen Quelle; auch glaubte man nicht, dass es darauf ankommt, in wie klarem [Wasser] man den Schmutz abspülte.

(10) Sed, di boni, quam iuvat illa balinea intrare obscura et gregali tectorio inducta, quae scires Catonem tibi aedilem aut Fabium Maximum aut ex Corneliis aliquem manu sua temperasse! Nam hoc quoque nobilissimi aediles fungebantur officio intrandi ea loca quae populum receptabant exigendique munditias et utilem ac salubrem temperaturam, non hanc quae nuper inventa est similis incendio, adeo quidem ut convictum in aliquo scelere servum vivum lavari oporteat. Nihil mihi videtur iam interesse, ardeat balineum an caleat.

(11) Quantae nunc aliqui rusticitatis damnant Scipionem quod non in caldarium suum latis specularibus diem admiserat, quod non in multa luce decoquebatur et expectabat ut in balneo concoqueret! O hominem calamitosum! Nesciit vivere. Non saccata aqua lavabatur sed saepe turbida et, cum plueret vehementius, paene lutulenta. Nec multum eius intererat an sic lavaretur; veniebat enim ut sudorem illic ablueret, non ut unguentum.

(12) Quas nunc quorundam voces futuras credis? 'Non invideo Scipioni: vere in exilio vixit qui sic lavabatur.' Immo, si scias, non cotidie lavabatur; nam, ut aiunt qui priscos mores urbis tradiderunt, brachia et crura cotidie abluebant, quae scilicet sordes opere collegerant, ceterum toti nundinis lavabantur. Hoc loco dicet aliquis: 'Liquet mihi inmundissimos fuisse.' Quid putas illos oluisse? Militiam, laborem, virum. Postquam munda balnea inventa sunt, spurciores sunt.

(10) Aber, gütige Götter, welch Freude macht es, jene dunklen und mit gewöhnlichem Tünchwerk überzogenen Bäder zu betreten, über die man weiß, dass Cato oder Fabius Maximus oder einer der Cornelier es manch einem als Ädil mit eigener Hand temperiert hat! Denn auch dieser Aufgabe kamen Ädile von vornehmster Herkunft nach, diejenigen Orte zu betreten, die gewöhnlich das Volk aufnahm, und auf Sauberkeit sowie auf eine zuträgliche und gesunde Temperatur zu dringen – nicht eine solche, wie sie vor kurzem eingeführt wurde, einem Feuer ähnlich, und zwar so sehr, dass man einen Sklaven, der irgendeines Verbrechens überführt wurde, bei lebendigem Leibe darin baden lassen sollte. Es scheint mir nunmehr kein Unterschied zu bestehen, ob das Bad in Flammen steht oder [nur] erhitzt ist.

(11) Wegen der so großen bäuerlichen Einfachheit verurteilen nun einige Scipio – weil er in seinem Warmbad nicht durch große Fenster den Tag eingelassen hatte, weil er sich nicht im hellen Tageslicht kochte und nicht abwartete, um im Bad zu verdauen! Ach, der elende Mann! Er verstand es nicht zu leben. Er hat sich nicht im gefilterten Wasser gebadet, sondern oft im trüben und, wenn es heftiger geregnet hat, im ganz und gar schmutzigen. Aber es war ihm nicht viel daran gelegen, ob er derart ein Bad nahm; er kam nämlich, um dort seinen Schweiß abzuwaschen, nicht das Salböl.

(12) Was meinst du, werden nun etliche Leute sagen? „Ich bin nicht neidisch auf Scipio: einer, der auf diese Weise badet, hat tatsächlich in Verbannung gelebt." Ja, wenn du wüsstest: er hat sich nicht [einmal] täglich gewaschen: denn wie diejenigen versichern, die die alten Bräuche Roms überliefert haben, hat man Arme und Beine täglich abgespült, die natürlich den Schmutz der Landarbeit an sich gezogen hatten, sich dagegen an den Markttagen ganz gewaschen. An dieser Stelle wird irgendjemand sagen: „Es ist mir klar, dass sie äußerst unsauber waren." Wonach denkst du, haben jene gestunken? Nach Militär, nach Arbeit, nach echtem Mann. Seitdem schmucke Bäder geschaffen worden sind, ist man schweinischer.

(13) Descripturus infamem et nimiis notabilem deliciis Horatius Flaccus quid ait?

Pastillos Buccillus olet.

Dares nunc Buccillum: proinde esset ac si hircum oleret, Gargonii loco esset, quem idem Horatius Buccillo opposuit. Parum est sumere unguentum nisi bis die terque renovatur, ne evanescat in corpore. Quid quod hoc odore tamquam suo gloriantur?

(14) Haec si tibi nimium tristia videbuntur, villae inputabis, in qua didici ab Aegialo, diligentissimo patre familiae (is enim nunc huius agri possessor est) quamvis vetus arbustum posse transferri. Hoc nobis senibus discere necessarium est, quorum nemo non olivetum alteri ponit, ~quod vidi illud arborum trimum et quadrimum fastidiendi fructus ante deponere.~

(15) Te quoque proteget illa quae

tarda venit seris factura nepotibus umbram,

ut ait Vergilius noster, qui non quid verissime sed quid decentissime diceretur aspexit, nec agricolas docere voluit sed legentes delectare.

(13) Was sagte Horaz, als er einen [Mann], durch allzu große Genüsse verrufen und berüchtigt, beschreiben wollte:

„Buccillus riecht nach Pastillen."

Würde man Buccillus heutzutage eine Bühne geben: es wäre ebenso, als ob er nach Ziegenbock riechen, als ob er an der Stelle von Gargonius stehen würde, welchen Horaz daselbst dem Buccillus gegenübergestellt hat. Es genügt nicht, Salböl anzuwenden, wenn es nicht zwei- oder dreimal am Tag erneuert wird, damit es nicht auf dem Körper verdunstet. Was soll man sagen, dass sich mit diesem Duft gerühmt wird, als ob es der eigene wäre?

(14) Falls dir diese Dinge allzu ernst erscheinen, stell das dem Landhaus in Rechnung, in dem ich von Aegialus, einem sehr gewissenhaften Hausherrn (er ist nämlich nun der Besitzer dieses Landes), gelernt habe, dass eine noch so alte Baumbepflanzung umgesetzt werden kann. Das zu lernen, ist unumgänglich für uns Alten, von denen jeder eine Ölpflanzung [nur noch] für einen anderen anlegt, [~ weil ich Folgendes gesehen habe: dass er die drei- und vier Jahre alten ertraglosen Bäume früher übergeben hat ~]

(15) Auch dich wird jener [Baum] schützen, der

langsam wächst, um späten Nachkommen Schatten zu spenden,

wie unser Vergil sagte, der nicht danach sah, dass etwas möglichst treffend, sondern möglichst anmutig vorgetragen wurde, und nicht Bauern belehren, sondern Leser erfreuen wollte.

(16) Nam, ut alia omnia transeam, hoc quod mihi hodie necesse fuit deprehendere, adscribam:

vere fabis satio est; tunc te quoque, Medica, putres accipiunt sulci, et milio venit annua cura.

An uno tempore ista ponenda sint et an utriusque verna sit satio, hinc aestimes licet: Iunius mensis est quo tibi scribo, iam proclivis in Iulium: eodem die vidi fabam metentes, milium serentes.

(17) Ad olivetum revertar, quod vidi duobus modis positum: magnarum arborum truncos circumcisis ramis et ad unum redactis pedem cum rapo suo transtulit, amputatis radicibus, relicto tantum capite ipso ex quo illae pependerant. Hoc fimo tinctum in scrobem demisit, deinde terram non adgessit tantum, sed calcavit et pressit.

(18) Negat quicquam esse hac, ut ait, pisatione efficacius. Videlicet frigus excludit et ventum; minus praeterea movetur et ob hoc nascentes radices prodire patitur ac solum adprendere, quas necesse est cereas adhuc et precario haerentes levis quoque revellat agitatio. Rapum autem arboris antequam obruat radit; ex omni enim materia quae nudata est, ut ait, radices exeunt novae. Non plures autem super terram eminere debet truncus quam tres aut quattuor pedes; tatim enim ab imo vestietur nec magna pars eius quemadmodum in olivetis veteribus arida et retorrida erit.

(16) Denn, um alles andere beiseite zu lassen, will ich Folgendes hinzufügen, das aufzugreifen ich heute für erforderlich hielt:

die Aussaat für Bohnen ist im Frühling; dann nehmen die lockeren Furchen auch dich auf, Luzerne, und für die Hirse naht die jährliche Pflege.

Ob man diese zu ein und derselben Zeit anlegen muss und ob die Saatzeit für beide im Frühling liegt, magst du hieran einschätzen: der Juni, bereits dem Juli zugeneigt, ist der Monat, in dem ich dir schreibe: am selben Tag sah ich, wie man die Bohne geerntet, die Hirse gesät hat.

(17) Ich will auf die Ölpflanzung zurückkommen, die, wie ich gesehen habe, auf zwei Art und Weisen angelegt wurde: nachdem er die Zweige ringsum beschnitten und sie auf einen Fuß zurückgestutzt hatte, pflanzte er die Stämme der großen Bäume zusammen mit der Wurzelknolle um, von der er die Wurzeln abgeschlagen hatte; danach blieb nur der Wurzelkopf selbst übrig, aus dem sie zuvor schlaff herabhingen. Diesen steckte er mit Dünger getränkt in eine Pflanzgrube; danach häufte er die Erde nicht um ihn auf, sondern stampfte und presste sie hinein.

(18) Er behauptet, dass nichts wirksamer ist als dieses sogenannte Feststampfen. Es hält nämlich Kälte und Wind ab; außerdem wird [die Knolle] weniger bewegt und erlaubt deswegen den entstehenden Wurzeln – die, immer noch weich und nicht sicher festhängend, auch ein leichtes Hin- und Herbewegen unweigerlich losreißen muss – aufzukeimen und vom Boden Besitz zu ergreifen. Ehe er aber die Wurzelknolle des Baumes eingräbt, schabt er ihn ab; denn aus jedem Stamm, der seiner Hülle beraubt wurde, wachsen neue Wurzeln hervor, wie er versichert. Der Stamm darf jedoch nicht mehr als drei oder vier Fuß über den Boden herausragen; er wird nämlich sofort von ganz unten her ausschlagen und der Großteil wird nicht, wie in alten Ölpflanzungen, trocken und verdorrt sein.

(19) Alter ponendi modus hic fuit: ramos fortes nec corticis duri, quales esse novellarum arborum solent, eodem genere deposuit. Hi paulo tardius surgunt, sed cum tamquam a planta processerint, nihil habent in se abhorridum aut triste.

(20) Illud etiamnunc vidi, vitem ex arbusto suo annosam transferri; huius capillamenta quoque, si fieri potest, colligenda sunt, deinde liberalius sternenda vitis, ut etiam ex corpore radicescat. Et vidi non tantum mense Februario positas sed etiam Martio exacto; tenent et conplexae sunt non suas ulmos.

(21) Omnes autem istas arbores quae, ut ita dicam, grandiscapiae sunt, ait aqua adiuvandas cisternina; quae si prodest, habemus pluviam in nostra potestate.

Plura te docere non cogito, ne quemadmodum Aegialus me sibi adversarium paravit, sic ego parem te mihi. Vale.

(19) Die andere Verfahrensweise zur Anlage [einer Ölpflanzung] war folgende: er hat die kräftigen, aber nicht verhärteten Zweige, wie sie sich gewöhnlich an jungen Bäumen finden, auf dieselbe Weise eingepflanzt. Sie wachsen ein wenig langsamer heran, aber weil sie gleichsam wie aus einem Setzling hervorgegangen sind, haben sie nichts Unkultiviertes oder Raues an sich.

(20) Ich habe außerdem gesehen, dass ein uralter Weinstock aus seiner Baumpflanzung umgesetzt wurde; auch dessen Wurzelfasern sollte man, wenn es möglich ist, zusammenbinden und dann muss der Weinstock recht freigebig [mit Erde] bedeckt werden, damit er wieder aus dem Ganzen heraus Wurzeln schlägt. Und ich habe auch gesehen, dass sie nicht nur im Februar, sondern sogar Ende März umgesetzt wurden; sie wurzeln auch an geeigneten Ulmen, die sie zuvor nicht umschlungen hatten.

(21) Aber alle diese Bäume, die, so wie ich es ausdrücke, großstämmig sind, müssen, wie er sagt, mit Wasser aus der Zisterne unterstützt werden; wenn das von Nutzen ist, haben wir den Regen in unserer Gewalt.

Mehr gedenke ich dich nicht zu lehren, um dich nicht auf eine Weise mir ebenbürtig zu machen, wie sich Aegialus in mir einen Konkurrenten geschaffen hat. Lebe wohl.

Liber XI-XIII – Epistula LXXXVII

Seneca Lucilio suo Salutem,

(1) Naufragium antequam navem ascenderem feci: quomodo acciderit non adicio, ne et hoc putes inter Stoica paradoxa ponendum, quorum nullum esse falsum nec tam mirabile quam prima facie videtur, cum volueris, adprobabo, immo etiam si nolueris.

Interim hoc me iter docuit quam multa haberemus supervacua et quam facile iudicio possemus deponere quae, si quando necessitas abstulit, non sentimus ablata.

(2) Cum paucissimis servis, quos unum capere vehiculum potuit, sine ullis rebus nisi quae corpore nostro continebantur, ego et Maximus meus biduum iam beatissimum agimus. Culcita in terra iacet, ego in culcita; ex duabus paenulis altera stragulum, altera opertorium facta est.

(3) De prandio nihil detrahi potuit; paratum fuit ~non magis hora~, nusquam sine caricis, numquam sine pugillaribus; illae, si panem habeo, pro pulmentario sunt, si non habeo, pro pane. Cotidie mihi annum novum faciunt, quem ego faustum et felicem reddo bonis cogitationibus et animi magnitudine, qui numquam maior est quam ubi aliena seposuit et fecit sibi pacem nihil timendo, fecit sibi divitias nihil concupiscendo.

Buch 11-13 – Brief 87

Seneca grüßt seinen Lucilius,

(1) Ich habe Schiffbruch erlitten, bevor ich das Schiff bestiegen habe: wie sich das zugetragen hat, füge ich nicht hinzu, damit du nicht glaubst, dass man unter Stoikern auch dieses zu den Paradoxa rechnen muss, von denen ich, wenn du es wünschst – ja sogar wenn du es nicht wünschst – beweisen werde, dass keines falsch und [auch] nicht so sonderbar ist, wie es auf den ersten Blick erscheint.

Inzwischen hat mich diese Fahrt gelehrt, wie viele überflüssige Dinge wir besitzen und wie leicht wir diejenigen aufgrund von Überlegung aufgeben könnten, von denen wir nicht bemerken, das sie weg sind, wenn die Notwendigkeit sie [uns] einmal entrissen hat.

(2) Mit nur wenigen Sklaven, die ein einzelner Wagen aufnehmen konnte, ohne irgendwelche Ausrüstungsgegenstände außer denen, die wir an unserem Körper trugen, verbringen ich und mein Freund Maximus bereits zwei sehr glückliche Tage. Ein ausgestopfter Sack liegt auf dem Boden, ich auf dem Sack; aus den zwei Reisemänteln wurde einer zur Unterlage, der andere zu einer Decke gemacht.

(3) Vom zweiten Frühstück [am Mittag] hätte man nichts [mehr] weglassen können; in weniger als einer Stunde war es fertig, niemals ohne Feigen, niemals ohne Schreibtafel; wenn ich Brot habe, gibt es [die Feigen] als Beilage, wenn ich keines habe, anstelle von Brot. Tag für Tag bereiten sie mir einen Neujahrstag, den ich glücklich und gesegnet nachahme mit heilsamen Gedanken und einer Seelengröße, die niemals größer ist als dann, wenn sie fremdes Gut beiseite legt und sich Frieden geschaffen hat, indem sie nichts fürchtet, sich Reichtum verschafft hat, indem sie nach nichts trachtet.

(4) Vehiculum in quod inpositus sum rusticum est; mulae vivere se ambulando testantur; mulio excalceatus, non propter aestatem. Vix a me obtineo ut hoc vehiculum velim videri meum: durat adhuc perversa recti verecundia, et quotiens in aliquem comitatum lautiorem incidimus invitus erubesco, quod argumentum est ista quae probo, quae laudo, nondum habere certam sedem et immobilem. Qui sordido vehiculo erubescit pretioso gloriabitur.

(5) Parum adhuc profeci: nondum audeo frugalitatem palam ferre; etiamnunc curo opiniones viatorum.

Contra totius generis humani opiniones mittenda vox erat: 'Insanitis, erratis, stupetis ad supervacua, neminem aestimatis suo. Cum ad patrimonium ventum est, diligentissimi conputatores sic rationem ponitis singulorum quibus aut pecuniam credituri estis aut beneficia (nam haec quoque iam expensa fertis):

(6) late possidet, sed multum debet; habet domum formosam, sed alienis nummis paratam; familiam nemo cito speciosiorem producet, sed nominibus non respondet; si creditoribus solverit, nihil illi supererit. Idem in reliquis quoque facere debebitis et excutere quantum proprii quisque habeat.'

(4) Der Wagen, in den ich gesteckt wurde, ist ein bäuerliches [Gefährt]; dass sie leben, beweisen die Maultiere, indem sie [müßig] umherschlendern; der Maultiertreiber ohne Schuhe, nicht des Sommers wegen. Nur mit Mühe halte ich vor mir selbst daran fest, dass ich es gerne sähe, dass dieses Gefährt für das meinige gehalten wird: die törichte Scham des sittlich Guten ist immer noch vorhanden, und jedes Mal wenn wir auf irgendeine vornehme Reisegesellschaft stoßen, erröte ich wider Willen, was der Beweis [dafür] ist, dass die Dinge, die ich für gut befinde, die ich lobe, noch nicht auf sicherem und unerschütterlichem Grund stehen. Wer sich wegen eines ärmlichen Gefährts schämt, wird sich eines prächtigen rühmen.

(5) Ich habe bisher zu wenige Fortschritte gemacht: ich bringe es noch nicht über mich, meine Genügsamkeit vor aller Augen zur Schau zu tragen; auch jetzt noch bin ich auf die Meinungen der [anderen] Reisenden bedacht.

Gegen die Meinungen des ganzen Menschengeschlechts hätte man die Stimme erheben müssen: „Ihr seid wahnsinnig, ihr täuscht euch, ihr seid verblüfft über nutzlose Dinge, ihr schätzt niemanden aufgrund seiner ihm eigenen Art und Weise. Wenn es etwa zu einer Erbschaft gekommen ist, legt ihr als äußerst gründliche Berechner auf folgende Weise eine Liste Einzelner an, denen ihr entweder eine Geldsumme oder Wohltaten vorschießen wollt (denn auch letztere verbucht ihr bereits als Ausgaben):

(6) er besitzt reichlich Grundeigentum, aber er bleibt viel schuldig; er besitzt ein schönes Haus, aber es wurde mit fremdem Geld erworben; niemand wird so schnell eine ansehnlichere Dienerschaft vorführen, aber er zahlt seine Schulden nicht ab; wenn er seine Gläubiger befriedigt, wird ihm nichts bleiben. Dasselbe werdet ihr auch für die übrigen Dinge tun müssen und untersuchen, wie viel jeder Einzelne an Eigentum besitzt."

(7) Divitem illum putas quia aurea supellex etiam in via sequitur, quia in omnibus provinciis arat, quia magnus kalendari liber volvitur, quia tantum suburbani agri possidet quantum invidiose in desertis Apuliae possideret: cum omnia dixeris, pauper est. Quare? Quia debet. 'Quantum?', inquis. Omnia; nisi forte iudicas interesse utrum aliquis ab homine an a fortuna mutuum sumpserit.

(8) Quid ad rem pertinent mulae saginatae unius omnes coloris? Quid ista vehicula caelata?

Instratos ostro alipedes pictisque tapetis:
aurea pectoribus demissa monilia pendent,
tecti auro fulvum mandunt sub dentibus aurum.

Ista nec dominum meliorem possunt facere nec mulam.

(9) M. Cato Censorius, quem tam e re publica fuit nasci quam Scipionem (alter enim cum hostibus nostris bellum, alter cum moribus gessit), cantherio vehebatur et hippoperis quidem inpositis, ut secum utilia portaret. O quam cuperem illi nunc occurrere aliquem ex his trossulis, in via divitibus, cursores et Numidas et multum ante se pulveris agentem! Hic sine dubio cultior comitatiorque quam M. Cato videretur, hic qui inter illos apparatus delicatos cum maxime dubitat utrum se ad gladium locet an ad cultrum.

(7) Du hältst jenen da für reich, weil Hausrat aus Gold ihn sogar unterwegs begleitet, weil er in allen Provinzen Äcker bestellen lässt, weil ein ansehnliches Schuldbuch auf- und abgerollt wird, weil er so viele Felder nahe Roms besitzt wie er Neid weckend in den Wüsten Apuliens besitzen könnte: wenn du es in der Gesamtheit beschreibst, ist er arm. Warum? Weil er Schulden hat. „Wie viel [er schuldet]?", fragst du. Alles; außer du bist vielleicht der Meinung, es sei ein Unterschied, ob jemand ein Darlehen von einem Menschen oder vom Schicksal genommen hat.

(8) Welchen Zweck erfüllen fett genährte Maultiere, [die] alle von ein und demselben Äußeren [sind]? Welchen diese kunstvoll ausgeführten Gefährte?

Schnellfüßige [Rosse] gesattelt mit Purpurstoff und gestickten Decken: goldene Halsketten hängen tief herabgesenkt von ihrer Brust, unter Gold begraben nagen sie mit den Zähnen auf einer funkelnden Trense aus Gold.

Dieses kann weder den Herrn noch das Maultier besser machen.

(9) Marcus Cato Censorius, dessen Geburt ebenso zum Nutzen des Staates war wie die des Scipio (der eine führte nämlich mit unseren Feinden Krieg, der andere mit unseren Sitten), wurde von einem alten Gaul getragen; und zwar war ein Packsattel aufgelegt worden, damit er Nützliches mit sich führen konnte. Ach, wie sehr wünschte ich mir, dass ihm jetzt irgendeiner von diesen jungen Schnöseln begegnete, auf Achse mit reichen Leuten, der die Vorläufer und die numidischen Reiter und viel Staub vor sich hertreibt! Dieser erschiene ohne Zweifel kultivierter und gesellschaftsfähiger als Marcus Cato, einer, der inmitten der luxuriösen Ausstattung mehr denn je darüber nachdenkt, ob er sich zum Gladiatorenkampf oder zur Tierhetze verpflichten solle.

(10) O quantum erat saeculi decus, imperatorem, triumphalem, censorium, quod super omnia haec est, Catonem, uno caballo esse contentum et ne toto quidem; partem enim sarcinae ab utroque latere dependentes occupabant. Ita non omnibus obesis mannis et asturconibus et tolutariis praeferres unicum illum equum ab ipso Catone defrictum?

(11) Video non futurum finem in ista materia ullum nisi quem ipse mihi fecero. Hic itaque conticiscam, quantum ad ista quae sine dubio talia divinavit futura qualia nunc sunt qui primus appellavit 'inpedimenta'. Nunc volo paucissimas adhuc interrogationes nostrorum tibi reddere ad virtutem pertinentes, quam satisfacere vitae beatae contendimus.

(12) 'Quod bonum est bonos facit (nam et in arte musica quod bonum est facit musicum); fortuita bonum non faciunt; ergo non sunt bona.'

Adversus hoc sic respondent Peripatetici ut quod primum proponimus falsum esse dicant. 'Ab eo', inquiunt, 'quod est bonum non utique fiunt boni. In musica est aliquid bonum tamquam tibia aut chorda aut organum aliquod aptatum ad usus canendi; nihil tamen horum facit musicum.'

(10) Ach, welch Stolz eines Zeitalters war es, dass ein Feldherr, ausgezeichnet mit einem Triumph, ehemaliger Zensor, [und] was über all diesem steht, ein Cato, sich mit einem einzigen Pferd begnügte und nicht einmal mit einem ganzen; einen Teil hat nämlich das auf beiden Seiten herabhängende Gepäck in Anspruch genommen. Sollte man also nicht allen feisten gallischen Pferdchen, [und] den asturischen Pferden und den eleganten Passgängern jenes einzigartige Pferd vorziehen, das von Cato persönlich abgerieben wurde?

(11) Ich sehe ein, dass dieses Thema kein Ende finden wird, wenn ich mir selbst keines setze. Daher werde ich jetzt schweigen; so viel zu den Dingen, von denen derjenige, der sie zuerst als „Hindernisse" bezeichnet hat, ohne Zweifel vorhergesehen hat, dass sie solcherart sein werden, wie sie nun sind. Nun will ich dir noch einige wenige Schlussfolgerungen der Unsrigen zukommen lassen, die sich auf die sittliche Vollkommenheit beziehen, von der wir fest behaupten, dass sie einem glücklichen Leben Genüge leistet.

(12) „Was gut ist, bringt Gutgesinnte hervor (denn auch in der Musik macht das, was als Gut vorhanden ist, den Musiker aus); zufällige Güter bringen keinen Gutgesinnten hervor, also sind sie keine Güter."

Dem entgegen erwidern die Peripatetiker auf solche Weise, dass sie behaupten, die Anfangsvoraussetzung, die wir bilden, sei falsch. „Durch das, was gut ist", sagen sie, „werden nicht unbedingt Gutgesinnte hervorgebracht." In der Musik gibt es manches Gut wie eine Flöte oder eine Saite oder irgendwelche Musikinstrumente, die für Gesangsübungen passend gemacht wurden; trotzdem bringt nichts davon einen Musiker hervor."

(13) His respondebimus: 'Non intellegitis quomodo posuerimus quod bonum est in musica. Non enim id dicimus quod instruit musicum, sed quod facit: tu ad supellectilem artis, non ad artem venis. Si quid autem in ipsa arte musica bonum est, id utique musicum faciet.'

(14) Etiamnunc facere istuc planius volo. Bonum in arte musica duobus modis dicitur, alterum quo effectus musici adiuvatur, alterum quo ars: ad effectum pertinent instrumenta, tibiae et organa et chordae, ad artem ipsam non pertinent. Est enim artifex etiam sine istis: uti forsitan non potest arte. Hoc non est aeque duplex in homine; idem enim est bonum et hominis et vitae.

(15) 'Quod contemptissimo cuique contingere ac turpissimo potest bonum non est; opes autem et lenoni et lanistae contingunt; ergo non sunt bona.'

'Falsum est', inquiunt, 'quod proponitis; nam et in grammatice et in arte medendi aut gubernandi videmus bona humillimis quibusque contingere.'

(13) Ihnen werden wir antworten: „Ihr begreift nicht, auf welche Weise wir festgelegt haben, was in der Musik ein Gut ist. Denn wir meinen nicht das, was den Musiker ausstattet, sondern das, was ihn ausmacht: du rückst gegen die Ausstattung der Kunstfertigkeit an, nicht gegen die Kunstfertigkeit [selbst]. Wenn jedoch etwas in der Musik selbst das Gut ist, macht dies zweifellos den Musiker aus."

(14) Ich will das in der Sache jetzt noch verständlicher machen. Ein Gut wird in der Musik auf zwei Arten bezeichnet: die eine, durch welche die Wirkung der Musik, die andere, durch welche die Kunst gefördert wird: die Gerätschaften haben Einfluss auf die Wirkung, [wie] die Flöten und die Instrumente und die Saiten, auf die Kunst selbst haben sie keinen Einfluss. Den Künstler gibt es nämlich auch ohne sie: möglicherweise kann er seine Kunst [nur] nicht ausführen. Beim Menschen ist diese doppelte [Bedeutung] nicht in gleicher Weise vorhanden; das Gut sowohl des Menschen als auch des Lebens ist nämlich ein und dasselbe.

(15) „Was den Verächtlichsten und Schändlichsten zuteil werden kann, ist kein Gut; Reichtum wird jedoch sowohl dem Kuppler als auch dem Gladiatorenmeister zuteil; also ist er kein Gut."

„Es ist falsch, was ihr darlegt", sagen sie; „Denn wir sehen sowohl in der Grammatik als auch in der Kunst zu heilen oder das Steuerrad zu führen, dass Güter [auch] den Geringsten zuteilwerden."

(16) Sed istae artes non sunt magnitudinem animi professae, non consurgunt in altum nec fortuita fastidiunt: virtus extollit hominem et super cara mortalibus conlocat; nec ea quae bona nec ea quae mala vocantur aut cupit nimis aut expavescit. Chelidon, unus ex Cleopatrae mollibus, patrimonium grande possedit. Nuper Natalis, tam inprobae linguae quam inpurae, in cuius ore feminae purgabantur, et multorum heres fuit et multos habuit heredes. Quid ergo? Utrum illum pecunia inpurum effecit an ipse pecuniam inspurcavit? Quae sic in quosdam homines quomodo denarius in cloacam cadit.

(17) Virtus super ista consistit; suo aere censetur; nihil ex istis quolibet incurrentibus bonum iudicat. Medicina et gubernatio non interdicit sibi ac suis admiratione talium rerum; qui non est vir bonus potest nihilominus medicus esse, potest gubernator, potest grammaticus tam mehercules quam cocus. Cui contingit habere rem non quamlibet, hunc non quemlibet dixeris; qualia quisque habet, talis est.

(18) Fiscus tanti est quantum habet; immo in accessionem eius venit quod habet. Quis pleno sacculo ullum pretium ponit nisi quod pecuniae in eo conditae numerus effecit? Idem evenit magnorum dominis patrimoniorum: accessiones illorum et appendices sunt. Quare ergo sapiens magnus est? Quia magnum animum habet. Verum est ergo quod contemptissimo cuique contingit bonum non esse.

(16) Aber diese Künste haben keine Seelengröße versprochen, sie schwingen sich nicht in die Höhe auf und verschmähen auch keine zufälligen Güter: die sittliche Vollkommenheit erhöht den Menschen und stellt ihn über die Dinge, die den Sterblichen lieb und teuer sind; weder das, was als Güter, noch das, was als Übel bezeichnet wird, wünscht oder erschreckt sie allzu sehr. Chelidon, einer der verzärtelten Weichlinge von Kleopatra, besaß ein großes vom Vater geerbtes Vermögen. Unlängst war Natalis, von ebenso boshafter wie lasterhafter Zunge, mit dessen Munde Frauen geliebkost wurden, der Erbe von vielen und Erblasser für viele. Was nun also? Hat ihn etwa sein Vermögen lasterhaft gemacht oder hat er selbst sein Vermögen besudelt? Eines, das manchen Menschen so zufällt wie ein Dinar der Kloake.

(17) Die sittliche Vollkommenheit postiert sich über diese; sie wird nach dem ihr eigenen Vermögen geschätzt. Nichts von den Dingen, die zufällig irgendwo auftreffen, beurteilt sie als ein Gut. Die Kunst zu heilen und das Steuerrad eines Schiffes zu führen, verbietet ihr und ihren Anhängern [dagegen] nicht die Bewunderung für diese Dinge; ein Mann, der sittlich unvollkommen ist, kann nichtsdestoweniger ein Arzt, ein Steuermann, ein Sprachwissenschaftler, wahrhaftig, ebenso gut auch ein Koch sein. Wem es gelingt, nicht jede beliebige Sache in sich aufzunehmen, den kann man nicht beliebig bezeichnen; ein jeder nimmt Dinge von der Art in Besitz, wie er [selbst] ist.

(18) Ein Geldkorb ist so viel wert, wie sich in ihm befindet; ja, er kommt sogar nur als Beigabe zu dem hinzu, was sich in ihm befindet. Wer setzt für einen vollen Geldbeutel irgendeinen Wert an, außer demjenigen, der sich aus der Menge des Geldes in ihm ergibt? Dasselbe widerfährt den Besitzern von außerordentlich großen ererbten Vermögen: sie sind deren Beigaben und Anhängsel. Warum also ist der Weise erhaben? Weil er eine erhabene Seele besitzt. Es ist also wahr, dass kein Gut ist, was jedem noch so Verächtlichem zuteil wird.

(19) Itaque indolentiam numquam bonum dicam: habet illam cicada, habet pulex. Ne quietem quidem et molestia vacare bonum dicam: quid est otiosius verme? Quaeris quae res sapientem faciat? Quae deum. Des oportet illi divinum aliquid, caeleste, magnificum: non in omnes bonum cadit nec quemlibet possessorem patitur.

(20) Vide

et quid quaeque ferat regio et quid quaeque recuset:
hic segetes, illic veniunt felicius uvae,
arborei fetus alibi atque iniussa virescunt
gramina. Nonne vides, croceos ut Tmolus odores,
India mittit ebur, molles sua tura Sabaei,
at Chalybes nudi ferrum?

(21) Ista in regiones discripta sunt, ut necessarium mortalibus esset inter ipsos commercium, si invicem alius aliquid ab alio peteret. Summum illud bonum habet et ipsum suam sedem; non nascitur ubi ebur, nec ubi ferrum. Quis sit summi boni locus quaeris? Animus. Hic nisi purus ac sanctus est, deum non capit.

(19) Unempfindlichkeit gegen den Schmerz werde ich deshalb niemals als ein Gut bezeichnen: eine Zikade besitzt sie, ein Floh. Nicht einmal Ruhe und keinen Verdruss zu haben, werde ich als ein Gut bezeichnen: was ist geruhsamer als ein Wurm? Du fragst, was den Weisen ausmacht? Das, was einen Gott [ausmacht]. Es gebührt sich, ihm etwas Göttliches, Unsterbliches, Großartiges einzuräumen: das Gute fällt nicht allen zu und es duldet nicht jeden beliebigen Besitzer.

(20) Sieh

was jeder einzelne Landstrich sowohl hervorbringt als auch was jeder einzelne verweigert:
hier zeigen sich gesegneter die Saatfelder, dort die Weinstöcke,
anderswo beginnen des Baumes Sprösslinge und von selbst die Gräser zu ergrünen. Siehst du denn nicht, wie der Tmolus die Safrandüfte, Indien das Elfenbein entsendet, die verwöhnten Sabäer ihren Weihrauch
die nackten Chalyber hingegen das Eisen?

(21) Solcherlei ist nach Gegenden aufgeteilt, damit zwischen den Sterblichen unvermeidlich ein Warenverkehr erforderlich ist, wenn wechselseitig der eine von dem anderen etwas haben will. Auch jenes höchste Gut hat seine eigene Stätte; es entspringt nicht dort, wo es Elfenbein, auch nicht wo es Eisen gibt. Du fragst, welches der Ort des höchsten Gutes ist? Die Seele. Wenn diese nicht rein und erhaben ist, kann sie keinen Gott in sich aufnehmen.

(22) 'Bonum ex malo non fit; divitiae [autem fiunt] fiunt autem ex avaritia; divitiae ergo non sunt bonum.'

'Non est', inquit, 'verum, bonum ex malo non nasci; ex sacrilegio enim et furto pecunia nascitur. Itaque malum quidem est sacrilegium et furtum, sed ideo quia plura mala facit quam bona; dat enim lucrum, sed cum metu, sollicitudine, tormentis et animi et corporis.'

(23) Quisquis hoc dicit, necesse est recipiat sacrilegium, sicut malum sit quia multa mala facit, ita bonum quoque ex aliqua parte esse, quia aliquid boni facit: quo quid fieri portentuosius potest? Quamquam sacrilegium, furtum, adulterium inter bona haberi prorsus persuasimus. Quam multi furto non erubescunt, quam multi adulterio gloriantur! Nam sacrilegia minuta puniuntur, magna in triumphis feruntur.

(24) Adice nunc quod sacrilegium, si omnino ex aliqua parte bonum est, etiam honestum erit et recte factum vocabitur, ~nostra enim actio est~ quod nullius mortalium cogitatio recipit. Ergo bona nasci ex malo non possunt. Nam si, ut dicitis, ob hoc unum sacrilegium malum est, quia multum mali adfert, si remiseris illi supplicia, si securitatem spoponderis, ex toto bonum erit. Atqui maximum scelerum supplicium in ipsis est.

(22) „Gutes entsteht nicht aus Schlechtem; Reichtum jedoch entsteht aus Habsucht; Reichtum ist also kein Gut."

„Es ist nicht wahr", wird gesagt, „dass ein Gut nicht aus einem Übel erwächst; denn aus Tempelraub und Diebstahl wird Geld gezeugt. Daher ist Tempelraub und Diebstahl zwar ein Übel, aber [nur] deshalb, weil es mehr Schlechtes als Gutes hervorbringt. Es beschert nämlich Profit, aber nicht ohne Furcht, Besorgnis, [und] seelische und körperliche Qualen."

(23) Wer auch immer das behauptet, muss notwendigerweise billigen, dass ein Tempelraub, gleichwie er ein Übel ist, weil er viel Schlechtes bewirkt, jawohl zum Teil ein Gut ist, weil er etwas Gutes hervorruft; wie viel widernatürlicher kann etwas sein? Wir haben indessen glauben lassen, dass Tempelraub, Diebstahl, [und] Ehebruch zu den Gütern gezählt werden. Wie viele schämen sich nicht über einen Diebstahl, wie viele prahlen mit einem Ehebruch! Denn unbedeutende Tempelräubereien werden bestraft, große bei Triumphzügen umhergetragen.

(24) Nimm nun hinzu, dass ein Tempelraub, falls er überhaupt zum Teil ein Gut ist, auch ehrenhaft sein und man ihn als sittlich gute Tat bezeichnen wird, [unser Handeln ist es nämlich], was das Denken keines Sterblichen zulässt. Folglich kann aus einem Übel nichts Gutes entstehen. Denn wenn ein Tempelraub, wie ihr sagt, [nur] wegen dieses einen ein Übel ist, weil er viel Schlechtes verursacht, wird er gänzlich ein Gut sein, wenn man ihm die Strafe erlassen, wenn man ihm Gemütsruhe versprechen würde. Aber die größte Strafe für die Frevel liegt doch in ihnen selbst.

(25) Erras, inquam, si illa ad carnificem aut carcerem differs: statim puniuntur cum facta sunt, immo dum fiunt. Non nascitur itaque ex malo bonum, non magis quam ficus ex olea: ad semen nata respondent, bona degenerare non possunt. Quemadmodum ex turpi honestum non nascitur, ita ne ex malo quidem bonum; nam idem est honestum et bonum.

(26) Quidam ex nostris adversus hoc sic respondent: 'Putemus pecuniam bonum esse undecumque sumptam; non tamen ideo ex sacrilegio pecunia est, etiam si ex sacrilegio sumitur. Hoc sic intellege. In eadem urna et aurum est et vipera: si aurum ex urna sustuleris, non ideo sustuleris quia illic et vipera est; non ideo, inquam, mihi urna aurum dat quia viperam habet, sed aurum dat, cum et viperam habeat. Eodem modo ex sacrilegio lucrum fit, non quia turpe et sceleratum est sacrilegium, sed quia et lucrum habet. Quemadmodum in illa urna vipera malum est, non aurum quod cum vipera iacet, sic in sacrilegio malum est scelus, non lucrum.'

(27) A quibus <dissentio>; dissimillima enim utriusque rei condicio est. Illic aurum possum sine vipera tollere, hic lucrum sine sacrilegio facere non possum; lucrum istud non est adpositum sceleri sed inmixtum.

(25) Du irrst dich, sage ich, wenn du sie bis zum Henker oder Kerker aufschiebst: [die Freveltaten] werden unmittelbar bestraft, wenn sie begangen wurden, ja sogar während sie geschehen. Daher erwächst aus einem Übel kein Gut, ebenso wenig wie eine Feige an einem Olivenbaum: was gewachsen ist, stimmt mit dem Samen überein, Gutes kann nicht aus der Art schlagen. Wie die Tugend nicht aus dem sittlich Schlechten entspringt, so das Gute nicht aus einem Übel; denn die Tugend und das Gute ist ein und dasselbe.

(26) Dementgegen antworten einige von den Unsrigen folgendermaßen: „Stellen wir uns vor, dass das Geld, woher auch immer es genommen wurde, ein Gut ist; auch wenn es aus einem Tempelraub gewonnen wird, existiert das Geld deshalb trotzdem nicht infolge des Tempelraubs. Denk dir das so: in ein und demselben Topf befindet sich sowohl Gold als auch eine Schlange: wenn du das Gold aus dem Topf nimmst, wirst du es nicht deshalb herausgenommen haben, weil sich dort auch eine Schlange befindet; der Topf überlässt mir das Gold nicht deshalb, sage ich, weil er eine Schlange enthält, sondern er überlässt mir das Gold, obgleich er auch eine Schlange enthält. Auf dieselbe Art entsteht der Gewinn aus einem Tempelraub, nicht weil der Tempelraub schändlich und frevelhaft ist, sondern weil er auch mit Gewinn verbunden ist. So wie in dem erwähnten Topf die Schlange das Übel ist, [und] nicht das Gold, das mit der Schlange ungebraucht daliegt, so ist bei einem Tempelraub das Verbrechen das Übel, nicht der Gewinn."

(27) Mit diesen stimme ich nicht überein; die Vorbedingung der beiden Handlungen ist nämlich sehr verschieden. Dort kann ich das Gold ohne die Schlange wegnehmen, hier kann ich ohne den Tempelraub keinen Gewinn erzielen; der letztere Gewinn ist dem Verbrechen nicht hinzugesetzt, sondern mit ihm verknüpft.

(28) 'Quod dum consequi volumus in multa mala incidimus, id bonum non est; dum divitias autem consequi volumus, in multa mala incidimus; ergo divitiae bonum non sunt.'

'Duas', inquit ,'significationes habet propositio vestra: unam, dum divitias consequi volumus, in multa nos mala incidere. In multa autem mala incidimus et dum virtutem consequi volumus: aliquis dum navigat studii causa, naufragium fecit, aliquis captus est.

(29) Altera significatio talis est: per quod in mala incidimus bonum non est. Huic propositioni non erit consequens per divitias nos aut per voluptates in mala incidere; aut si per divitias in multa mala incidimus, non tantum bonum non sunt divitiae sed malum sunt; vos autem illas dicitis tantum bonum non esse. Praeterea', inquit, 'conceditis divitias habere aliquid usus: inter commoda illas numeratis. Atqui eadem ratione <ne> commodum quidem erunt; per illas enim multa nobis incommoda eveniunt.'

(30) His quidam hoc respondent: 'Erratis, qui incommoda divitis inputatis. Illae neminem laedunt: aut sua nocet cuique stultitia aut aliena nequitia, sic quemadmodum gladius neminem occidit: occidentis telum est. Non ideo divitiae tibi nocent si propter divitias tibi nocetur.'

(28) „Wenn wir zahlreichen Übeln verfallen, während wir etwas erlangen wollen, ist das kein Gut; wenn wir jedoch Reichtum erlangen wollen, verfallen wir zahlreichen Übeln; folglich ist Reichtum kein Gut."

„Eure Vorbedingung", sagt man, „umfasst zwei Aussagesätze: zum einen, dass wir, während wir Reichtum erlangen wollen, zahlreichen Übeln verfallen. Zahlreichen Übeln verfallen wir jedoch auch, während wir die sittliche Vollkommenheit erlangen wollen: dieser erlitt Schiffbruch, während er wegen seiner wissenschaftlichen Betätigung zu See fuhr, jener ist in Gefangenschaft geraten.

(29) Der zweite Satz ist so beschaffen: das, wodurch wir den Übeln verfallen, ist kein Gut. Man wird aus diesem Satz nicht folgern, dass wir durch Reichtum oder Vergnügungen den Übeln verfallen; oder dass, wenn wir durch Reichtum zahlreichen Übeln verfallen, Reichtum nicht nur kein Gut, sondern ein Übel ist; ihr jedoch behauptet nur, dass er kein Gut ist. Außerdem gesteht ihr zu", heißt es, „dass Reichtum einen Nutzen hat: ihr zählt ihn zu den Annehmlichkeiten. Aber aus derselben Begründung wird er sogar dann keine Annehmlichkeit sein; durch ihn nämlich werden uns viele Unannehmlichkeiten zuteil."

(30) Manche erwidern diesen Folgendes: „Ihr irrt euch, wenn ihr Reichtum zu den Unannehmlichkeiten zählt. Er wirkt auf niemanden nachteilig: entweder schadet einem die eigene Dummheit oder die Verdorbenheit eines anderen, so wie ein Schwert niemanden tötet: es ist [nur] die Waffe desjenigen, der tötet. Daher schadet dir nicht der Reichtum [an sich], wenn dir wegen des Reichtums ein Schaden zugefügt wird."

(31) Posidonius, ut ego existimo, melius, qui ait divitias esse causam malorum, non quia ipsae faciunt aliquid, sed quia facturos inritant. Alia est enim causa efficiens, quae protinus necessest noceat, alia praecedens. Hanc praecedentem causam divitiae habent: inflant animos, superbiam pariunt, invidiam contrahunt, et usque eo mentem alienant ut fama pecuniae nos etiam nocitura delectet.

(32) Bona autem omnia carere culpa decet; pura sunt, non corrumpunt animos, non sollicitant; extollunt quidem et dilatant, sed sine tumore. Quae bona sunt fiduciam faciunt, divitiae audaciam; quae bona sunt magnitudinem animi dant, divitiae insolentiam. Nihil autem aliud est insolentia quam species magnitudinis falsa.

(33) 'Isto modo', inquit, 'etiam malum sunt divitiae, non tantum bonum non sunt.' Essent malum si ipsae nocerent, si, ut dixi, haberent efficientem causam: nunc praecedentem habent et quidem non inritantem tantum animos sed adtrahentem; speciem enim boni offundunt veri similem ac plerisque credibilem.

(34) Habet virtus quoque praecedentem causam ad invidiam; multis enim propter sapientiam, multis propter iustitiam invidetur. Sed nec ex se hanc causam habet nec veri similem; contra enim veri similior illa species hominum animis obicitur a virtute, quae illos in amorem et admirationem vocet.

(31) Besser [trifft es], wie ich meine, Poseidonios, der sagt, dass Reichtum die Ursache von Übeln ist, nicht weil er von sich aus etwas bewirkt, sondern weil er denen einen Anreiz liefert, die sie begehen wollen. Die eine ist nämlich eine bewirkende Ursache, die notwendigerweise sofort schadet, eine andere eine vorausgehende. Die letztere, die vorausgehende Ursache, ist dem Reichtum zu eigen: sie macht die Herzen übermütig, sie bringt Hochmut hervor, sie zieht Missgunst auf sich und verunreinigt den Geist bis zu dem Punkt, dass uns der gute Ruf des Geldes erfreut, auch wenn es schaden wird.

(32) Für echte Güter ist es angemessen, frei von Schuld zu sein; sie sind rein, verderben nicht die Seelen, ängstigen sie nicht; ja, sie heben sie empor und dehnen sie aus, aber ohne Aufgeblasenheit. Das, was ein Gut ist, bringt Zuversicht, der Reichtum Vermessenheit hervor; das, was ein Gut ist, lässt Seelengröße, der Reichtum Übermut entstehen. Übermut ist jedoch nichts anders als der falsche Schein von Größe.

(33) „In dieser Hinsicht", sagt er, „ist Reichtum sogar ein Übel, nicht nur kein Gut." Ein Übel wäre er, wenn er selbst schaden würde, wenn er, wie ich sagte, eine bewirkende Ursache hätte: er hat nun aber eine vorausgehende [Ursache], und zwar eine, die die Seelen nicht nur reizt, sondern an sich zieht; er verbreitet nämlich einen der Wahrheit ähnlichen und für die Mehrzahl glaubhaften Anschein des Guten.

(34) Die sittliche Vollkommenheit weist gleichfalls auch eine vorausgehende Ursache hinsichtlich der Missgunst auf; denn viele werden wegen ihrer Weisheit, viele wegen ihres Sinns für Gerechtigkeit beneidet. Aber weder besitzt sie diese Ursache aus sich [selbst] heraus, noch entspricht es der Wahrheit. Im Gegenteil nämlich zeigt sich jener Anschein – der Wahrheit näher – den Seelen der Menschen von der sittlichen Vollkommenheit her, die sie zu Liebe und Bewunderung aufruft.

(35) Posidonius sic interrogandum ait: 'Quae neque magnitudinem animo dant nec fiduciam nec securitatem non sunt bona; divitiae autem et bona valetudo et similia his nihil horum faciunt; ergo non sunt bona.' Hanc interrogationem magis etiamnunc hoc modo intendit: 'Quae neque magnitudinem animo dant nec fiduciam nec securitatem, contra autem insolentiam, tumorem, arrogantiam creant, mala sunt; a fortuitis autem in haec inpellimur; ergo non sunt bona.'

(36) 'Hac', inquit, 'ratione ne commoda quidem ista erunt.' Alia est commodorum condicio, alia bonorum: commodum est quod plus usus habet quam molestiae; bonum sincerum esse debet et ab omni parte innoxium. Non est id bonum quod plus prodest, sed quod tantum prodest.

(37) Praeterea commodum et ad animalia pertinet et ad inperfectos homines et ad stultos. Itaque potest ei esse incommodum mixtum, sed commodum dicitur a maiore sui parte aestimatum: bonum ad unum sapientem pertinet; inviolatum esse oportet.

(38) Bonum animum habe: unus tibi nodus, sed Herculaneus restat: 'Ex malis bonum non fit; ex multis paupertatibus divitiae fiunt; ergo divitiae bonum non sunt.'

Hanc interrogationem nostri non agnoscunt, Peripatetici et fingunt illam et solvunt. Ait autem Posidonius hoc sophisma, per omnes dialecticorum scholas iactatum, sic ab Antipatro refelli:

(35) Poseidonios sagt, dass die Schlussfolgerung so lauten muss: „Das, was der Seele weder Größe noch Zuversicht noch Gemütsruhe gewährt, ist kein Gut; Reichtum jedoch und Gesundheit und [diesen] Ähnliches bringen nichts davon hervor; also sind sie keine Güter." Diese Schlussfolgerung hat er auf folgende Weise nochmals gesteigert: „Das, was der Seele weder Größe noch Zuversicht noch Gemütsruhe gewährt, andererseits jedoch Übermut, Aufgeblasenheit, [und] Hochmut gebiert, ist ein Übel; durch Zufälligkeiten werden wir nun aber zu diesen getrieben; also sind es keine Güter."

(36) „Nach dieser Überlegung", sagt man, „werden diese Dinge nicht einmal als Annehmlichkeiten gelten." Die Grundbedingung der Annehmlichkeiten ist das eine, die der Güter das andere: eine Annehmlichkeit ist das, was mehr Nutzen als Verdruss mit sich bringt; ein Gut muss rein und in jeder Hinsicht unversehrt sein. Ein Gut ist nicht das, was mehr nützt, sondern das nur nützt.

(37) Außerdem erstreckt sich die Annehmlichkeit auch auf die Tiere und auf sittlich unvollkommene und törichte Menschen. Daher kann Widriges mit ihr vermengt sein, aber, beurteilt nach seinem größeren Anteil, wird es Annehmlichkeit genannt: ein Gut betrifft allein den Weisen; es muss unversehrt sein.

(38) Habe Zuversicht: ein einziger Knoten steht dir noch bevor, aber ein herkulanischer: „Aus Geringem entsteht kein Gut; aus vielen spärlichen Auskommen entsteht Reichtum; also ist Reichtum kein Gut."

Diese Folgerung erkennen die Unsrigen nicht an, die Peripatetiker geben sie vor und lösen sie auch auf. Poseidonios aber sagt, dass dieser Trugschluss, der von allen Schulen der Dialektik diskutiert wurde, folgendermaßen von Antipater widerlegt wird:

(39) 'Paupertas non per possessionem dicitur, sed per detractionem' (vel, ut antiqui dixerunt, orbationem; Graeci kata steresin dicunt); 'non quod habeat dicit, sed quod non habeat. Itaque ex multis inanibus nihil impleri potest: divitias multae res faciunt, non multae inopiae. Aliter', inqui,t 'quam debes paupertatem intellegis. Paupertas enim est non quae pauca possidet, sed quae multa non possidet; ita non ab eo dicitur quod habet, sed ab eo quod ei deest.'

(40) Facilius quod volo exprimerem, si Latinum verbum esset quo anuparxia significaretur. Hanc paupertati Antipater adsignat: ego non video quid aliud sit paupertas quam parvi possessio. De isto videbimus, si quando valde vacabit, quae sit divitiarum, quae paupertatis substantia; sed tunc quoque considerabimus numquid satius sit paupertatem permulcere, divitiis demere supercilium quam litigare de verbis, quasi iam de rebus iudicatum sit.

(39) „Armut heißt es nicht infolge von Besitz, sondern infolge von Wegnahme" (oder, wie die Alten sagten, infolge von Entziehung; die Griechen nennen es κατὰ στέρησιν); „sie zeigt nicht an, was man hat, sondern was man nicht hat. Deshalb kann aus viel Leerem nichts angefüllt werden: viele Besitztümer schaffen den Reichtum, nicht ein vielfacher Mangel. Man nimmt die Armut anders wahr, als man es sollte", sagt er. „Denn Armut beruht nicht darauf, dass man wenig besitzt, sondern dass man vieles nicht besitzt; infolgedessen wird sie nicht nach dem benannt, was sie in sich einschließt, sondern nach dem, was ihr fehlt."

(40) Ich würde gewandter wiedergeben, was ich will, wenn es ein lateinisches Wort gäbe, durch das „ανυπαρξία" ausgedrückt würde. Folgendes schreibt Antipater der Armut zu: ich sehe nicht, was die Armut anderes sein soll als der Besitz von Wenigem. Wenn wir einmal viel Muße haben, werden wir in Hinsicht darauf überlegen, was das Wesen des Reichtums, was das [Wesen] der Armut sein mag; aber dann werden wir auch erwägen, ob es nicht vielleicht besser ist, die Armut zu lindern, [und] dem Reichtum seinen Hochmut zu nehmen, als über Wörter zu streiten, so als ob über diese Dinge dann entschieden wäre.

(41) Putemus nos ad contionem vocatos: lex de abolendis divitis fertur. His interrogationibus suasuri aut dissuasuri sumus? His effecturi ut populus Romanus paupertatem, fundamentum et causam imperii sui, requirat ac laudet, divitias autem suas timeat, ut cogitet has se apud victos repperisse, hinc ambitum et largitiones et tumultus in urbem sanctissimam temperatissimam inrupisse, nimis luxuriose ostentari gentium spolia, quod unus populus eripuerit omnibus facilius ab omnibus uni eripi posse? Haec satius est suadere, et expugnare adfectus, non circumscribere. Si possumus, fortius loquamur; si minus, apertius. Vale.

(41) Lass uns annehmen, dass wir zu einer Volksversammlung einberufen wurden: es wird ein Gesetz zur Abschaffung des Reichtums beantragt. Werden wir anhand der vorherigen Schlussfolgerungen dazu anraten oder werden wir davon abraten? Werden wir damit erreichen, dass das römische Volk die Armut, die Grundlage und Ursache seines Reiches, zurückwünscht und lobend anerkennt, seinen Reichtum aber fürchtet, dass es erwägt, dass es diesen bei den Besiegten angetroffen hat, dass hierauf Amtsmissbrauch als auch Bestechungen und Aufstände in die höchst geheiligte, außerordentlich gehörig eingerichtete Stadt eingedrungen sind, dass allzu übermütig die Kriegsbeute der Barbaren zur Schau gestellt wird, dass das, was ein einziges Volk allen geraubt hat, leichter von allen dem einen geraubt werden kann? Dieses anzuraten wäre besser, und auch die Leidenschaften zu bezwingen, nicht im Zaum zu halten. Wenn wir es vermögen, sollten wir energischer sprechen, wenn nicht, verständlicher. Lebe wohl.

Liber XI-XIII – Epistula LXXXVIII

Seneca Lucilio suo Salutem,

(1) De liberalibus studiis quid sentiam scire desideras: nullum suspicio, nullum in bonis numero quod ad aes exit. Meritoria artificia sunt, hactenus utilia si praeparant ingenium, non detinent. Tamdiu enim istis inmorandum est quamdiu nihil animus agere maius potest; rudimenta sunt nostra, non opera.

(2) Quare liberalia studia dicta sint vides: quia homine libero digna sunt. Ceterum unum studium vere liberale est quod liberum facit, hoc est sapientiae, sublime, forte, magnanimum: cetera pusilla et puerilia sunt. An tu quicquam in istis esse credis boni quorum professores turpissimos omnium ac flagitiosissimos cernis? Non discere debemus ista, sed didicisse. Quidam illud de liberalibus studiis quaerendum iudicaverunt, an virum bonum facerent: ne promittunt quidem nec huius rei scientiam adfectant.

(3) Grammatice circa curam sermonis versatur et, si latius evagari vult, circa historias, iam ut longissime fines suos proferat, circa carmina. Quid horum ad virtutem viam sternit? Syllabarum enarratio et verborum diligentia et fabularum memoria et versuum lex ac modificatio – quid ex his metum demit, cupiditatem eximit, libidinem frenat?

Buch 11-13 – Brief 88

Seneca grüßt seinen Lucilius,

(1) Du möchtest wissen, was ich von den freien Wissenschaften denke: zu keiner blicke ich empor, nichts, was sich zum Geld hinwendet, rechne ich unter die Güter. Womit man Geld verdient, sind Kunstfertigkeiten, insofern vorteilhaft, wenn sie den Geist vorbereiten, nicht wenn sie ihn fesseln. Man darf nämlich nur so lange bei ihnen verweilen, so lange der Geist auf nichts Bedeutenderes hinarbeiten kann; sie sind unsere ersten Probestücke, nicht unsere Werke.

(2) Du siehst ein, warum sie als freie Wissenschaften bezeichnet wurden: weil sie für einen freien Menschen angemessen sind. Es gibt nun aber eine einzige wahrhaft edle Wissenschaft, die frei macht: es ist die der Philosophie – erhaben, kraftvoll, großmütig: die anderen sind kleinlich und kindisch. Oder glaubst du etwa, dass irgendetwas Gutes an Dingen ist, deren öffentlichen Lehrer du von allen als die unsittlichsten und schändlichsten gewahrst? Solches müssen wir nicht lernen, sondern [bereits] erlernt haben. Manche sind der Meinung, dass nur so viel hinsichtlich der freien Wissenschaften untersucht werden muss: ob sie einen guten Menschen hervorbringen – sie versprechen es nicht einmal und streben auch nicht nach Einsicht in dieser Angelegenheit.

(3) Die Grammatik beschränkt sich auf die Pflege der Sprache und, wenn sie weiter um sich greifen will, auf Geschichtswerke, [und], gesetzt, dass sie nun wirklich ihre Grenzen äußerst weit ausdehnt, auf Dichtungen. Was davon ebnet den Weg zur sittlichen Vollkommenheit? Das Betonen von Silben als auch die Sorgfalt im Ausdruck und die Überlieferung von Geschichten sowie die Regelmäßigkeit und richtige Abmessung von Versen – was von diesen Dingen nimmt die Furcht, befreit von der Leidenschaft, zügelt die Triebe?

(4) Ad geometriam transeamus et ad musicen: nihil apud illas invenies quod vetet timere, vetet cupere. Quae quisquis ignorat, alia frustra scit.

[Vivendum] utrum doceant isti virtutem an non: si non docent, ne tradunt quidem; si docent, philosophi sunt. Vis scire quam non ad docendam virtutem consederint? Aspice quam dissimilia inter se omnium studia sint: atqui similitudo esset idem docentium.

(5) Nisi forte tibi Homerum philosophum fuisse persuadent, cum his ipsis quibus colligunt negent; nam modo Stoicum illum faciunt, virtutem solam probantem et voluptates refugientem et ab honesto ne inmortalitatis quidem pretio recedentem, modo Epicureum, laudantem statum quietae civitatis et inter convivia cantusque vitam exigentis, modo Peripateticum, tria bonorum genera inducentem, modo Academicum, omnia incerta dicentem. Apparet nihil horum esse in illo, quia omnia sunt; ista enim inter se dissident. Demus illis Homerum philosophum fuisse: nempe sapiens factus est antequam carmina ulla cognosceret; ergo illa discamus quae Homerum fecere sapientem.

(6) Hoc quidem me quaerere, uter maior aetate fuerit, Homerus an Hesiodus, non magis ad rem pertinet quam scire, cum minor Hecuba fuerit quam Helena, quare tam male tulerit aetatem. Quid, inquam, annos Patrocli et Achillis inquirere ad rem existimas pertinere?

(4) Lass uns zur Geometrie und zur Musik übergehen: du wirst nichts an ihnen entdecken, was verhindert, sich zu fürchten, was verhindert, Verlangen zu hegen. Jeder, der das nicht erkennt, hat die übrigen Dinge vergebens gelernt.

Man muss darauf achten, ob deren Vertreter die sittliche Vollkommenheit lehren oder nicht: wenn sie sie nicht lehren, geben sie sie nicht einmal weiter; wenn sie sie lehren, sind sie Philosophen. Willst du wissen, wie selten sie sich zusammensetzen, um die sittliche Vollkommenheit zu lehren? Schau, wie verschieden all ihre Studien untereinander sind: aber unter denen, die dasselbe lehren, sollte doch Ähnlichkeit bestehen.

(5) Es sei denn, dass sie dich vielleicht überzeugen, Homer sei ein Philosoph gewesen, obgleich sie die Gründe, aus denen sie es folgern, selbst verneinen; denn bald machen sie ihn zum Stoiker, der einzig die sittliche Vollkommenheit anerkennt, [und] seinen Leidenschaften entflieht und nicht einmal um den Preis der Unsterblichkeit vom Tugendhaften abweicht, bald zum Epikureer, der den Zustand einer Bürgerschaft lobt, die frei von Unruhen ist und das Leben friedlich mit Mahlzeiten und Gesängen verbringt, bald zum Peripatetiker, der drei Arten von Gütern einführt, bald zum Akademiker, der alles als ungewiss bezeichnet. Es ist offenkundig, dass nichts davon in ihm vorhanden ist, weil alle [zugleich] vorhanden sind; sie stehen nämlich miteinander im Widerspruch. Wir können ihnen zugestehen, dass Homer ein Philosoph war: natürlich ist er zum Weisen geworden, bevor er irgendwelche Lieder erprobte; also sollten wir die Dinge erforschen, die Homer zu einem Philosophen gemacht haben.

(6) Mich aber ein solches zu fragen, wer von beiden älter war, Homer oder Hesiod, tut nicht mehr zur Sache, als zu wissen, warum Hekuba, obwohl sie jünger als Helena war, das Alter so schlecht ertragen hat. Warum, frage ich [dich], glaubst du, dass es zu etwas führt, die Lebensalter von Patroklos und Achill zu untersuchen?

(7) Quaeris Ulixes ubi erraverit potius quam efficias ne nos semper erremus? Non vacat audire utrum inter Italiam et Siciliam iactatus sit an extra notum nobis orbem (neque enim potuit in tam angusto error esse tam longus): tempestates nos animi cotidie iactant et nequitia in omnia Ulixis mala inpellit. Non deest forma quae sollicitet oculos, non hostis; hinc monstra effera et humano cruore gaudentia, hinc insidiosa blandimenta aurium, hinc naufragia et tot varietates malorum. Hoc me doce, quomodo patriam amem, quomodo uxorem, quomodo patrem, quomodo ad haec tam honesta vel naufragus navigem.

(8) Quid inquiris an Penelopa inpudica fuerit, an verba saeculo suo dederit? An Ulixem illum esse quem videbat, antequam sciret, suspicata sit? Doce me quid sit pudicitia et quantum in ea bonum, in corpore an in animo posita sit.

(9) Ad musicum transeo. Doces me quomodo inter se acutae ac graves consonent, quomodo nervorum disparem reddentium sonum fiat concordia: fac potius quomodo animus secum meus consonet nec consilia mea discrepent. Monstras mihi qui sint modi flebiles: monstra potius quomodo inter adversa non emittam flebilem vocem.

(7) Fragst du lieber, wo Odysseus herumgeirrt ist, als zu bewirken, dass wir nicht allezeit herumirren? Es ist keine Zeit vorhanden, um zu erfahren, ob er zwischen Italien und Sizilien oder außerhalb des uns bekannten Erdkreises umhergetrieben worden ist (denn in einem so kleinen Umkreis konnte eine Irrfahrt nicht von so langer Dauer sein): Tag für Tag werfen uns die Stürme des Geistes umher, und Leichtfertigkeit verleitet uns zu all den Übeln des Odysseus. Es fehlt nicht die Schönheit, welche die Augen verführt, nicht der Feind; hier die Ungeheuer, rasend und sich an Menschenblut erfreuend, hier die heimtückischen Schmeicheleien für die Ohren, hier die Schiffbrüche und so viele verschiedene Arten an Übeln. Ein dieses lehre mich: wie ich das Vaterland, wie die Gattin, wie den Vater lieben, wie ich selbst als Schiffbrüchiger zu diesem sittlich so Guten segeln kann.

(8) Was fragst du, ob Penelope sittlich verkommen war, ob sie die Menschen ihrer Zeit getäuscht hat? Ob sie geahnt hat, dass jener, den sie sah, Odysseus war, bevor sie davon Kunde hatte? Lehre mich, was Sittsamkeit ist und wie viel Gutes sich darin befindet, ob sie im Körper oder im Geist gelegen ist.

(9) Ich komme zu dem Musiker. Du lehrst mich, wie hohe und tiefe Stimmen im Einklang ertönen, wie eine Harmonie der Instrumentensaiten erzeugt wird, obwohl sie einen ungleichen Ton hervorbringen: bewirke vielmehr, wie mein Geist mit sich im Einklang und meine Entschlüsse nicht zu sich selbst im Widerspruch stehen. Du zeigst mir, welche Klagemelodien es gibt: besser zeige mir, wie ich inmitten des Unglücks keine Klagelaute ausstoße.

(10) Metiri me geometres docet latifundia potius quam doceat quomodo metiar quantum homini satis sit; numerare docet me et avaritiae commodat digitos potius quam doceat nihil ad rem pertinere istas conputationes, non esse feliciorem cuius patrimonium tabularios lassat, immo quam supervacua possideat qui infelicissimus futurus est si quantum habeat per se conputare cogetur.

(11) Quid mihi prodest scire agellum in partes dividere, si nescio cum fratre dividere? Quid prodest colligere subtiliter pedes iugeri et conprendere etiam si quid decempedam effugit, si tristem me facit vicinus inpotens et aliquid ex meo abradens? Docet quomodo nihil perdam ex finibus meis: at ego discere volo quomodo totos hilaris amittam.

(12) 'Paterno agro et avito', inquit, 'expellor.' Quid? Ante avum tuum quis istum agrum tenuit? Cuius, non dico hominis, sed populi fuerit potes expedire? Non dominus isto, sed colonus intrasti. Cuius colonus es? Si bene tecum agitur, heredis. Negant iurisconsulti quicquam usu capi publicum: hoc quod tenes, quod tuum dicis, publicum est et quidem generis humani.

(10) Ein Landvermesser lehrt mich eher, Landgüter zu vermessen, als dass er lehrt, wie ich abschätzen kann, wie viel dem Menschen zu Genüge ist; er lehrt mich zu zählen und eher überlässt er die Finger der Habsucht, als dass er lehrt, dass diese Berechnungen zu nichts führen, dass der nicht vom Glück begünstigter ist, dessen väterliches Erbe die Rechnungsbeamten ermüdet, im Gegenteil, in welchem Grade Nutzloses derjenige besitzt, der unglücklich sein wird, wenn er gezwungen wird, zusammenzurechnen, wie viel er aus eigener Kraft an Vermögen hat.

(11) Was hilft es mir, einen kleinen Acker in Teilstücke zertrennen zu können, wenn ich nicht gelernt habe, mit meinem Bruder zu teilen? Was nützt es, die Schritte von einem Morgen Land genau zu berechnen und sogar zu erfassen, wenn etwas der Messrute entgeht, wenn ein Nachbar, maßlos und etwas von dem Meinen abzwackend, mich verdrießlich stimmt? Er lehrt, wie ich nichts von meinen Grundstücken verliere: aber ich will lernen, wie ich alle frohgemut aufgeben kann.

(12) „Ich werde von dem vom Vater und Großvater geerbten Acker vertrieben", sagt einer. Wie bitte? Wer hatte diesen Acker vor deinem Großvater im Besitz? Kannst du ermitteln, welchem, ich sage nicht Menschen, sondern Volk er gehörte? Nicht als Herr, sondern als Pächter hast du diesen Ort betreten. Wessen Pächter bist du? Wenn [das Schicksal] dich freundlich behandelt, der eines Erben. Die Rechtsgelehrten bestreiten, dass irgendein öffentliches Gut durch Nutzung rechtlich erworben wird: das, was du besetzt hältst, was du das Deine nennst, ist ein öffentliches Gut, und zwar eines der gesamten Menschheit.

(13) O egregiam artem! Scis rotunda metiri, in quadratum redigis quamcumque acceperis formam, intervalla siderum dicis, nihil est quod in mensuram tuam non cadat: si artifex es, metire hominis animum, dic quam magnus sit, dic quam pusillus sit. Scis quae recta sit linea: quid tibi prodest, si quid in vita rectum sit ignoras?

(14) Venio nunc ad illum qui caelestium notitia gloriatur:

frigida Saturni sese quo stella receptet,
quos ignis caeli Cyllenius erret in orbes.

Hoc scire quid proderit? Ut sollicitus sim cum Saturnus et Mars ex contrario stabunt aut cum Mercurius vespertinum faciet occasum vidente Saturno, potius quam hoc discam, ubicumque sunt ista, propitia esse nec posse mutari?

(15) Agit illa continuus ordo fatorum et inevitabilis cursus; per statas vices remeant et effectus rerum omnium aut movent aut notant. Sed sive quidquid evenit faciunt, quid inmutabilis rei notitia proficiet? Sive significant, quid refert providere quod effugere non possis? Scias ista, nescias: fient.

(13) Ach, welch ruhmvolle Kunst! Du verstehst es, Rundungen zu messen, jede Form, die du erhalten hast, bringst du ins Quadrat, du nennst die Abstände der Sterne, nichts existiert, auf das deine Messkunst keine Anwendung findet: wenn du ein Künstler bist, ermesse den Geist des Menschen, beschreibe, wie bedeutend er ist, beschreibe, wie kleinlich er ist. Du erkennst, welche Linie richtig gezogen ist: was nützt dir das, wenn du nicht weißt, was im Leben das Richtige ist?

(14) Ich komme nun zu dem, der sich der Himmelskunde rühmt:

wohin sich das kalte Gestirn des Saturn zurückzieht,
in welchen Kreisen des Himmelsgewölbes das Feuer des Cyllenius umherstreift.

Was wird es nützen, diese Dinge zu wissen? Um in Sorge zu sein, wenn Saturn und Mars einander gegenüber stehen oder der Merkur am Abend im Angesicht des Saturns untergehen wird? Sollte ich nicht lieber ein dieses lernen, dass sie, wo auch immer sie sich befinden, gnädig sind und nicht imstande, sich zu ändern?

(15) Es bewegt sie die beständige Aufeinanderfolge schicksalhafter Bestimmungen und ihre unvermeidliche Umlaufbahn; in einem festgesetzten Wechsel kehren sie wieder und bestimmen entweder das Gedeihen aller Dinge oder beobachten es. Aber sei es, dass sie verursachen, was geschieht (was wird die Kenntnis des Unveränderlichen nützen?), sei es, dass sie es verkünden (was kommt es darauf an, vorauszusehen, was man nicht vermeiden kann?). Magst du diese Dinge wissen, magst du sie nicht wissen, sie werden geschehen.

(16) *Si vero solem ad rapidum stellasque sequentes
ordine respicies, numquam te crastina fallet
hora, nec insidiis noctis capiere serenae.*

Satis abundeque provisum est ut ab insidiis tutus essem.

(17) 'Numquid me crastina non fallit hora? Fallit enim quod nescienti evenit.' Ego quid futurum sit nescio: quid fieri possit scio. Ex hoc nihil deprecabor, totum expecto: si quid remittitur, boni consulo. Fallit me hora si parcit, sed ne sic quidem fallit. Nam quemadmodum scio omnia accidere posse, sic scio et non utique casura; itaque secunda expecto, malis paratus sum.

(18) In illo feras me necesse est non per praescriptum euntem; non enim adducor ut in numerum liberalium artium pictores recipiam, non magis quam statuarios aut marmorarios aut ceteros luxuriae ministros. Aeque luctatores et totam oleo ac luto constantem scientiam expello ex his studiis liberalibus; aut et unguentarios recipiam et cocos et ceteros voluptatibus nostris ingenia accommodantes sua.

(16) *Wenn du dich aber zur ungestümen Sonne und den ihr folgenden Gestirnen umblicken wirst,*
wird dich die morgige Stunde niemals täuschen, noch wirst du durch den Trug einer wolkenlosen Nacht verleitet.

Genug und mehr als genug ist dafür gesorgt, dass ich vor Täuschung geschützt bin.

(17) „Täuscht mich die morgige Stunde etwa nicht? Das nämlich täuscht, was dem Unwissenden geschieht." Ich weiß nicht, was geschehen wird: ich weiß, was geschehen kann. Ich werde nichts davon mit Bitten abzuwehren suchen, ich harre allem entgegen: falls mir etwas zugestanden wird, bin ich damit zufrieden. Es täuscht mich die Stunde, wenn sie mir Schonung gewährt, aber nicht einmal so täuscht sie mich. Denn so wie ich weiß, dass alles geschehen kann, so weiß ich auch, dass nicht alles eintreffen wird; daher hoffe ich auf Günstiges, auf Ungünstiges bin ich vorbereitet.

(18) Im Folgenden musst du es dir von mir gefallen lassen, wenn ich nicht über vorgezeichnete Pfade schreite; ich lasse mich nämlich nicht dazu bewegen, dass ich die Maler in die Kategorie der freien Künste aufnehme, ebenso wenig wie die Bildhauer oder die Steinmetze oder die übrigen Diener des Überflusses. In gleicher Weise verbanne ich die Ringer und das ganze auf Öl und Dreck beruhende Wissen aus diesen freien Wissenschaften; oder ich könnte auch die Salbenhändler, [und] die Köche und die übrigen aufnehmen, die ihre Talente unseren Vergnügungen widmen.

(19) Quid enim, oro te, liberale habent isti ieiuni vomitores, quorum corpora in sagina, animi in macie et veterno sunt? An liberale studium istuc esse iuventuti nostrae credimus, quam maiores nostri rectam exercuerunt hastilia iacere, sudem torquere, equum agitare, arma tractare? Nihil liberos suos docebant quod discendum esset iacentibus. Sed nec hae nec illae docent aluntve virtutem; quid enim prodest equum regere et cursum eius freno temperare, adfectibus effrenatissimis abstrahi? Quid prodest multos vincere luctatione vel caestu, ab iracundia vinci?

(20) 'Quid ergo? Nihil nobis liberalia conferunt studia?' Ad alia multum, ad virtutem nihil; nam et hae viles ex professo artes quae manu constant ad instrumenta vitae plurimum conferunt, tamen ad virtutem non pertinent. 'Quare ergo liberalibus studiis filios erudimus?' Non quia virtutem dare possunt, sed quia animum ad accipiendam virtutem praeparant. Quemadmodum prima illa, ut antiqui vocabant, litteratura, per quam pueris elementa traduntur, non docet liberales artes sed mox percipiendis locum parat, sic liberales artes non perducunt animum ad virtutem sed expediunt.

(19) Ich bitte dich, was haben denn diese erbärmlichen [Leute], die sich mit Vorsatz erbrechen, eines Freien Würdiges an sich, [Leute,] deren Körper sich in der Mast, deren Geist sich in Kargheit und Lethargie befindet? Oder sind wir der Meinung, dass eine vornehme Beschäftigung für unsere Jugend dies ist, was unsere Vorfahren ausgebildet haben: gerade die Speere zu werfen, den Spieß zu schleudern, das Pferd anzutreiben, die Ausrüstung zu schleppen? Sie haben ihre Kinder in nichts unterwiesen, was man im Liegen hätte lernen müssen. Weder diese noch jene jedoch lehren oder fördern die sittliche Vollkommenheit; was nützt es denn, ein Pferd zu beherrschen und dessen Lauf mit dem Zügel zu bändigen, [aber] von den entfesselten Leidenschaften fortgerissen zu werden? Was nützt es, viele im Ringen oder beim Faustkampf zu besiegen, [aber] vom Jähzorn überwältigt zu werden?

(20) „Was nun also? Lassen uns die freien Wissenschaften nichts angedeihen?" Viel für andere Dinge, nichts für die sittliche Vollkommenheit; denn auch diese offenkundig unbedeutenden Künste, die auf Handarbeit beruhen, tragen viel zum Rüstzeug des Lebens bei, führen allerdings nicht zur sittlichen Vollkommenheit. „Weshalb unterweisen wir nun die Kinder in den freien Wissenschaften?" Nicht weil sie die sittliche Vollkommenheit gewähren können, sondern weil sie den Geist vorbereiten, um die sittliche Vollkommenheit zu empfangen. So wie jener erster [Sprachunterricht], litteratura, wie es die Alten nannten, durch welchen den Kindern die Grundlagen vermittelt werden, nicht die freie Wissenschaft lehrt, sondern einen passenden Ort für ein bald nachfolgendes Erlernen vorbereitet, so geleiten die freien Wissenschaften den Geist nicht zur sittlichen Vollkommenheit, sondern sie ermöglichen sie.

(21) Quattuor ait esse artium Posidonius genera: sunt vulgares et sordidae, sunt ludicrae, sunt pueriles, sunt liberales. Vulgares opificum, quae manu constant et ad instruendam vitam occupatae sunt, in quibus nulla decoris, nulla honesti simulatio est.

(22) Ludicrae sunt quae ad voluptatem oculorum atque aurium tendunt; his adnumeres licet machinatores qui pegmata per se surgentia excogitant et tabulata tacite in sublime crescentia et alias ex inopinato varietates, aut dehiscentibus quae cohaerebant aut his quae distabant sua sponte coeuntibus aut his quae eminebant paulatim in se residentibus. His inperitorum feriuntur oculi, omnia subita quia causas non novere mirantium.

(23) Pueriles sunt et aliquid habentes liberalibus simile hae artes quas egkuklious Graeci, nostri autem liberales vocant. Solae autem liberales sunt, immo, ut dicam verius, liberae, quibus curae virtus est.

(24) 'Quemadmodum', inquit, 'est aliqua pars philosophiae naturalis, est aliqua moralis, est aliqua rationalis, sic et haec quoque liberalium artium turba locum sibi in philosophia vindicat. Cum ventum est ad naturales quaestiones, geometriae testimonio statur; ergo eius quam adiuvat pars est.'

(21) Poseidonios sagt, dass vier Arten von Künsten existieren: es sind das die gewöhnlichen und niedrigen, [es sind] die kurzweiligen, [es sind] die kindischen, [und es sind] die freien. Die gewöhnlichen sind die der Handwerker, die auf Handarbeit beruhen und die damit beschäftigt sind, das Alltagsleben auszustatten, in denen keine sittliche Würde liegt, keine Vorspiegelung von Tugend.

(22) Die kurzweiligen sind diejenigen, die auf das Vergnügen der Augen und Ohren abzielen; zu ihnen kann man die Maschinenbauer zählen, die Theatergerüste planen, die sich von selbst emporrichten, [und] hölzerne Böden, die geräuschlos in die Höhe steigen, und andere unerwartete Abwechslungen, wobei entweder auseinanderklafft, was verbunden war, oder das, was getrennt war, von sich aus zusammentritt, oder das, was hervorragte, allmählich in sich zusammensinkt. Damit werden die Augen der Unerfahrenen betrogen, die alles Unerwartete bestaunen, weil sie dessen Ursachen nicht kennen.

(23) Kindisch und den freien einigermaßen ähnlich [sich zeigende] sind diejenigen Künste, welche die Griechen ἐγκύκλιοι, die Unsrigen jedoch die freien nennen. Eines Freien würdig jedoch, ja vielmehr, um es treffender zu sagen, frei sind diejenigen, denen die sittliche Vollkommenheit am Herzen liegt.

(24) „So wie ein Teil der Philosophie die Natur betreffend ist", sagt er, „ein anderer die Sitten betreffend [ist], ein anderer die Vernunft betreffend [ist], so beansprucht gleichfalls auch dieses Getümmel der freien Künste einen Platz für sich in der Philosophie. Immer wenn man zu Fragen der Natur gelangt, wird der Beweis durch die Geometrie bestimmt sein; folglich ist sie ein Teil [der Philosophie], die sie unterstützt.

(25) Multa adiuvant nos nec ideo partes nostri sunt; immo si partes essent, non adiuvarent. Cibus adiutorium corporis nec tamen pars est. Aliquod nobis praestat geometria ministerium: sic philosophiae necessaria est quomodo ipsi faber, sed nec hic geometriae pars est nec illa philosophiae.

(26) Praeterea utraque fines suos habet; sapiens enim causas naturalium et quaerit et novit, quorum numeros mensurasque geometres persequitur et supputat. Qua ratione constent caelestia, quae illis sit vis quaeve natura sapiens scit: cursus et recursus et quasdam obversationes per quas descendunt et adlevantur ac speciem interdum stantium praebent, cum caelestibus stare non liceat, colligit mathematicus.

(27) Quae causa in speculo imagines exprimat sciet sapiens: illud tibi geometres potest dicere, quantum abesse debeat corpus ab imagine et qualis forma speculi quales imagines reddat. Magnum esse solem philosophus probabit, quantus sit mathematicus, qui usu quodam et exercitatione procedit. Sed ut procedat, inpetranda illi quaedam principia sunt; non est autem ars sui iuris cui precarium fundamentum est.

(25) Viele Dinge unterstützen uns, sind deshalb aber keine Teile von uns; im Gegenteil, wenn es Teile [von uns] wären, würden sie nicht helfen. Nahrung ist ein Hilfsmittel für den Körper und trotzdem kein Teil [von ihm]. Manch einen Dienst erweist uns die Geometrie: sie ist für die Philosophie so notwendig wie für sie selbst der Verfertiger [der Messtechnik], aber weder ist dieser ein Teil der Geometrie noch ist jene einer der Philosophie.

(26) Außerdem hat jede der beiden ihren eigenen Zweck: denn der Weise untersucht und kennt auch Natur betreffende Ursachen, deren Regeln und Größenverhältnissen der Geometer nachgeht und berechnet. Aufgrund welcher göttlichen Vernunft die Himmelskörper existieren, welche Bedeutung oder welche Beschaffenheit sie besitzen, weiß der Philosoph: Laufbahn und Wiederkehr [der Sterne] und etliche Beobachtungen, in deren Verlauf sie herab- und emporsteigen und bisweilen auch den Anschein von Stillstand zeigen, obwohl das bei Himmelskörpern nicht möglich ist, fasst der Mathematiker zusammen.

(27) Welche Ursache in einem Spiegel Abbilder hervortreten lässt, wird ein Philosoph wissen: der Geometer kann dir Folgendes sagen: wie weit ein Körper von dem Abbild entfernt sein soll und welche Art von Spiegel welche Abbilder wiedergibt. Dass die Sonne bedeutend ist, wird der Philosoph beweisen, wie groß sie ist, der Mathematiker, der aufgrund einer gewissen Praxis und durch Übung Fortschritte macht. Aber um Fortschritte zu machen, muss er etliche Grundlagen erlangen; eine Wissenschaft, die ein von anderen abhängiges Fundament besitzt, ist aber nicht unabhängig.

(28) Philosophia nil ab alio petit, totum opus a solo excitat: mathematice, ut ita dicam, superficiaria est, in alieno aedificat; accipit prima, quorum beneficio ad ulteriora perveniat. Si per se iret ad verum, si totius mundi naturam posset conprendere, dicerem multum conlaturam mentibus nostris, quae tractatu caelestium crescunt trahuntque aliquid ex alto.

Una re consummatur animus, scientia bonorum ac malorum inmutabili; nihil autem ulla ars alia de bonis ac malis quaerit. Singulas lubet circumire virtutes.

(29) Fortitudo contemptrix timendorum est; terribilia et sub iugum libertatem nostram mittentia despicit, provocat, frangit: numquid ergo hanc liberalia studia corroborant? Fides sanctissimum humani pectoris bonum est, nulla necessitate ad fallendum cogitur, nullo corrumpitur praemio: 'Ure', inquit, 'caede, occide: non prodam, sed quo magis secreta quaeret dolor, hoc illa altius condam.' Numquid liberalia studia hos animos facere possunt? Temperantia voluptatibus imperat, alias odit atque abigit, alias dispensat et ad sanum modum redigit nec umquam ad illas propter ipsas venit; scit optimum esse modum cupitorum non quantum velis, sed quantum debeas sumere.

(28) Die Philosophie beansprucht nichts von einem anderen – aus sich allein heraus bringt sie ihr ganzes Werk hervor: die Mathematik, ich will es so ausdrücken, sie ist auf erpachtetem Grund stehend, baut auf fremden Gut auf; sie erlernt die Grundlagen, durch deren Verwendung sie zu weiteren Dingen gelangen kann. Wenn sie selbstständig zum Wahrhaftigen schreiten, wenn sie das Wesen der ganzen Welt erfassen könnte, würde ich behaupten, dass sie unserem Geist förderlich sein wird, der durch die Beschäftigung mit dem Himmlischen anwächst und sich aus der Höhe Großes aneignet.

Die Seele wird [nur] durch eine einzige Sache vollendet, durch die unwandelbare Kenntnis des Guten und des Schlechten; eine andere Wissenschaft fragt gar nicht nach den Gütern und Übeln. Es steht [jedem] frei, die einzelnen Tugenden der Reihe nach durchzugehen.

(29) Die Tapferkeit ist die Verächterin des Furchtbaren; Furchteinflößendes und das, was unsere Freiheit unterjocht, verachtet sie, fordert es heraus, bricht es: stärken die freien Wissenschaften diese etwa? Die Treue ist das erhabenste Gut des menschlichen Herzens, durch keinen Zwang wird sie zur Täuschung genötigt, durch keine Belohnung verleitet: „Brenne, schlage, töte", sagt sie, „ich werde keinen Verrat begehen, sondern je mehr sich der Schmerz meine geheimen Gedanken zu verschaffen sucht, desto tiefer werde ich sie [in mir] verbergen." Können die freien Wissenschaften etwa eine solche Gesinnung hervorbringen? Die Selbstbeherrschung gebietet über die Leidenschaften: die einen hasst und vertreibt sie, die anderen teilt sie sorgsam ein und reduziert sie auf ein gesundes Maß, und niemals tritt sie gegen jene wegen ihrer selbst auf; sie weiß, dass das optimale Maß für das, was gewünscht ist, nicht darin besteht, wie viel man wünscht, sondern wie viel man annehmen darf.

(30) Humanitas vetat superbum esse adversus socios, vetat amarum; verbis, rebus, adfectibus comem se facilemque omnibus praestat; nullum alienum malum putat, bonum autem suum ideo maxime quod alicui bono futurum est amat. Numquid liberalia studia hos mores praecipiunt? Non magis quam simplicitatem, quam modestiam ac moderationem, non magis quam frugalitatem ac parsimoniam, non magis quam clementiam, quae alieno sanguini tamquam suo parcit et scit homini non esse homine prodige utendum.

(31) 'Cum dicatis', inquit, 'sine liberalibus studiis ad virtutem non perveniri, quemadmodum negatis illa nihil conferre virtuti?' Quia nec sine cibo ad virtutem pervenitur, cibus tamen ad virtutem non pertinet; ligna navi nihil conferunt, quamvis non fiat navis nisi ex lignis: non est, inquam, cur aliquid putes eius adiutorio fieri sine quo non potest fieri.

(32) Potest quidem etiam illud dici, sine liberalibus studiis veniri ad sapientiam posse; quamvis enim virtus discenda sit, tamen non per haec discitur. Quid est autem quare existimem non futurum sapientem eum qui litteras nescit, cum sapientia non sit in litteris? Res tradit, non verba, et nescio an certior memoria sit quae nullum extra se subsidium habet.

(30) Die Menschlichkeit verhindert sich hochmütig, verhindert sich unangenehm gegenüber ihren Mitmenschen zu verhalten; freundlich und nachsichtig zeigt sie sich in Worten, Taten und Stimmungen; kein Übel sieht sie als fremde Angelegenheit an, ihrem eigenen Gut aber ist sie deswegen ganz besonders verbunden, weil sie einem anderen zum Vorteil sein wird. Lehren die freien Wissenschaften etwa eine solche Denkart? Ebenso wenig wie Aufrichtigkeit, wie Bescheidenheit und Selbstbeherrschung, ebenso wenig wie Genügsamkeit und Sparsamkeit, ebenso wenig wie Milde, die fremdes Blut wie das eigene schont und weiß, dass ein Mensch sich nicht verschwenderisch eines [anderen] Menschen bedienen darf.

(31) „Wenn ihr sagt, ohne die freien Wissenschaften könne man nicht zur sittlichen Vollkommenheit gelangen", wird eingewendet: „Wie könnt ihr [dann] behaupten, dass sie nichts zur sittlichen Vollkommenheit beitragen?" Weil man auch nicht ohne Nahrung zur sittlichen Vollkommenheit gelangen kann, gleichwohl Nahrung nicht zur sittlichen Vollkommenheit führt; Hölzer sind für ein Schiff nicht förderlich, obwohl ein Schiff nur aus Hölzern gefertigt werden kann: es gibt keinen Grund, sage ich, warum man annehmen könnte, dass irgendetwas [nur] mit Hilfe von dem entsteht, ohne das es nicht entstehen kann.

(32) Ja, es kann sogar [das] gesagt werden, dass man ohne die freien Wissenschaften zur Weisheit gelangen kann; denn obgleich die sittliche Vollkommenheit erlernt werden muss, wird sie doch nicht durch ihre Mithilfe erlernt. Welchen Grund gibt es nun aber, warum ich glauben sollte, dass derjenige, der keine Buchstaben kennt, nicht weise wird, wenn die Weisheit nicht in den Buchstaben liegt? Die tatsächliche Erfahrung lehrt keine Worte, und möglicherweise ist ein Erinnerungsvermögen, das außer sich selbst keine Stütze besitzt, zuverlässiger.

(33) Magna et spatiosa res est sapientia; vacuo illi loco opus est; de divinis humanisque discendum est, de praeteritis de futuris, de caducis de aeternis, de tempore. De quo uno vide quam multa quaerantur: primum an per se sit aliquid; deinde an aliquid ante tempus sit sine tempore; cum mundo coeperit an etiam ante mundum quia fuerit aliquid, fuerit et tempus.

(34) Innumerabiles quaestiones sunt de animo tantum: unde sit, qualis sit, quando esse incipiat, quamdiu sit, aliunde alio transeat et domicilia mutet in alias animalium formas aliasque coniectus, an non amplius quam semel serviat et emissus vagetur in toto; utrum corpus sit an non sit; quid sit facturus cum per nos aliquid facere desierit, quomodo libertate sua usurus cum ex hac effugerit cavea; an obliviscatur priorum et illinc nosse se incipiat unde corpori abductus in sublime secessit.

(35) Quamcumque partem rerum humanarum divinarumque conprenderis, ingenti copia quaerendorum ac discendorum fatigaberis. Haec tam multa, tam magna ut habere possint liberum hospitium, supervacua ex animo tollenda sunt. Non dabit se in has angustias virtus; laxum spatium res magna desiderat. Expellantur omnia, totum pectus illi vacet.

(33) Die Weisheit ist eine bedeutende und umfassende Angelegenheit; sie benötigt freien Raum; über Göttliches und Menschliches muss gelernt werden; über Vergangenes [und] über Zukünftiges; über Vergängliches [und] über Ewiges, über die Zeit. Sieh nur, wie viele Fragen allein über letztere gestellt werden: zuerst, ob sie an sich als etwas existiert; dann, ob es ohne die Zeit etwas vor der Zeit gibt; ob sie zusammen mit der Welt ihren Anfang nahm oder ob es sogar vor der Welt, weil irgendetwas existiert haben wird, die Zeit auch gab.

(34) Unzählige Untersuchungen gibt es allein über die Seele: wo sie herkommt, wie sie beschaffen ist, wann sie zu existieren beginnt, wie lange sie existiert, ob sie von anderswoher nach anderswohin übergeht und [ob sie], bald in diesen bald in jenen beseelten Körpern versetzt, die Wohnstätte wechselt, oder ob sie nicht mehr als einmal dient und, losgelassen, im All umherzieht; ob sie eine materielle Substanz ist oder nicht; was sie tun wird, wenn sie aufgehört hat, durch uns tätig zu sein, wie sie ihre Freiheit nutzen wird, wenn sie aus diesem Käfig entkommen ist; ob sie Früheres vergisst und sich von da an wiederzuerkennen beginnt, von wo an sie sich, vom Körper getrennt, in die Höhe zurückgezogen hat.

(35) Welchen Teil der menschlichen und göttlichen Dinge du auch immer erfasst hast, du wirst durch die ungeheure Menge dessen, was man untersuchen und erforschen muss, in Atem gehalten werden. Damit diese so zahlreichen, so großen Dinge eine freie Unterkunft in Besitz nehmen können, müssen die nutzlosen aus dem Geiste getilgt werden. Die sittliche Vollkommenheit wird sich nicht in eine solche Enge begeben; eine bedeutende Sache verlangt weiten Raum. Alles sollte herausgejagt werden, das ganze Herz frei für sie sein.

(36) 'At enim delectat artium notitia multarum.' Tantum itaque ex illis retineamus quantum necessarium est. An tu existimas reprendendum qui supervacua usibus comparat et pretiosarum rerum pompam in domo explicat, non putas eum qui occupatus est in supervacua litterarum supellectile? Plus scire velle quam sit satis intemperantiae genus est.

(37) Quid quod ista liberalium artium consectatio molestos, verbosos, intempestivos, sibi placentes facit et ideo non discentes necessaria quia supervacua didicerunt? Quattuor milia librorum Didymus grammaticus scripsit: misererer si tam multa supervacua legisset. In his libris de patria Homeri quaeritur, in his de Aeneae matre vera, in his libidinosior Anacreon an ebriosior vixerit, in his an Sappho publica fuerit, et alia quae erant dediscenda si scires. I nunc et longam esse vitam nega!

(38) Sed ad nostros quoque cum perveneris, ostendam multa securibus recidenda. Magno inpendio temporum, magna alienarum aurium molestia laudatio haec constat: 'O hominem litteratum!' Simus hoc titulo rusticiore contenti: 'O virum bonum!'

(36) „Aber die Kenntnis vieler Künste bereitet doch Freude." Daher sollten wir so viel von ihnen zurückhalten, wie es notwendig ist. Oder meinst du, man müsse den zurechtweisen, der Überflüssiges zur Verwendung erwirbt und in seinem Haus den Prunk kostbarer Dinge entfaltet, aber nicht etwa den, der von einer überflüssigen Ausrüstung an Bildung in Anspruch genommen wird? Mehr wissen zu wollen, als es hinreichend ist, ist eine Art von Maßlosigkeit.

(37) Was soll man dazu sagen, dass dieses Streben nach den freien Künsten die Affektierten, die Weitschweifigen, die Unschicklichen, die Selbstzufriedenen hervorbringt und die deswegen Notwendiges nicht lernen, weil sie Überflüssiges gelernt haben. Viertausend Bücher hat der Grammatiker Didymos verfasst: ich würde [schon] Mitleid haben, wenn er Überflüssiges in dem Ausmaß gelesen hätte. In diesen Büchern wird nach Homers Vaterland geforscht, [in ihnen] nach der wirklichen Mutter von Aeneas, [in ihnen] ob Anakreon allzu ausschweifend oder allzu trunksüchtig gelebt hat, [in ihnen] ob Sappho eine Dirne war, und auch nach anderen Dingen, die vergessen werden müssten, gesetzt den Fall, dass man von ihnen Kunde hätte. Geh nun und sag, das Leben sei lang!

(38) Aber auch wenn man zu den Unsrigen gelangt, werde ich darlegen, dass vieles mit Äxten beseitigt werden muss. Auf einen großen Aufwand an Zeit, auf einem erheblichen Verdruss der Ohren anderer begründet sich folgendes Lob: ‚Oh, welch ein gelehrter Mann!" Wir sollten mit diesem schlichteren Ehrentitel zufrieden sein: „Oh, welch tugendhafter Mann!"

(39) Itane est? Annales evolvam omnium gentium et quis primus carmina scripserit quaeram? Quantum temporis inter Orphea intersit et Homerum, cum fastos non habeam, conputabo? Et Aristarchi notas quibus aliena carmina conpunxit recognoscam, et aetatem in syllabis conteram? Itane in geometriae pulvere haerebo? Adeo mihi praeceptum illud salutare excidit: 'tempori parce'? Haec sciam? Et quid ignorem?

(40) Apion grammaticus, qui sub C. Caesare tota circulatus est Graecia et in nomen Homeri ab omnibus civitatibus adoptatus, aiebat Homerum utraque materia consummata, et Odyssia et Iliade, principium adiecisse operi suo quo bellum Troianum conplexus est. Huius rei argumentum adferebat quod duas litteras in primo versu posuisset ex industria librorum suorum numerum continentes.

(41) Talia sciat oportet qui multa vult scire. Non vis cogitare quantum temporis tibi auferat mala valetudo, quantum occupatio publica, quantum occupatio privata, quantum occupatio cotidiana, quantum somnus? Metire aetatem tuam: tam multa non capit.

(42) De liberalibus studiis loquor: philosophi quantum habent supervacui, quantum ab usu recedentis! Ipsi quoque ad syllabarum distinctiones et coniunctionum ac praepositionum proprietates descenderunt et invidere grammaticis, invidere geometris; quidquid in illorum artibus supervacuum erat transtulere in suam. Sic effectum est ut diligentius loqui scirent quam vivere.

(39) Also wirklich? Ich soll die Geschichte aller Völker aufrollen und untersuchen, wer als erster Gedichte verfasst hat? Ich werde berechnen, wie viel Zeit zwischen Orpheus und Homer liegt, obwohl ich keine Kalender habe? Auch die Schriften des Aristarch, in denen er die Gedichte anderer kritisch durchleuchtet hat, soll ich prüfend durchsehen und meine Lebenszeit mit Versen verbringen? Werde ich so etwa im Staub der Geometrie stecken bleiben? „Gehe sparsam mit der Zeit um." Ist mir jenes nützliche Gebot so ganz entfallen? Oben genannte Dinge soll ich wissen? Und was soll ich nicht wissen?

(40) Der Grammatiker Apion, der unter Gaius Caesar in ganz Griechenland eine Zuhörerschaft um sich geschart hat und der von allen Bürgerschaften unter dem [Ehren-]Namen „Homer" aufgenommen wurde, hat behauptet, dass Homer nach vollständiger Ausführung beider Stoffe, sowohl der Odyssee als auch der Ilias, seinem Werk, in dem er den Trojanischen Krieg zusammengefasst hat, ein erstes Kapitel hinzugefügt hat. Als Beweis dafür brachte er hervor, dass Homer mit Absicht zwei Buchstaben an den Anfangsvers gesetzt hätte, die die Anzahl seiner Bücher enthalten.

(41) Derartiges zu wissen, ist für denjenigen notwendig, der vieles wissen will. Willst du nicht erwägen, wie viel an Zeit dir eine üble Krankheit raubt, wie viel die öffentliche Tätigkeit, wie viel dein Privatgeschäft, wie viel das alltägliche Tun, wie viel der Schlaf? Ermesse deine Lebenszeit: so viel fasst sie nicht.

(42) Ich rede über die freien Wissenschaften: wie viel Überflüssiges erlangen die Philosophen, wie viel, das sich von [jeder] Brauchbarkeit entfernt! Auch sie selbst haben sich auf die Bestimmung von Silben und auf die Eigentümlichkeiten von Bindewörtern und Präpositionen eingelassen und beneideten die Grammatiker, beneideten die Geometer; alles was in deren Künsten überflüssig war, haben sie in die eigene übertragen. So wurde bewirkt, dass sie achtsamer zu sprechen als zu leben verstanden.

(43) Audi quantum mali faciat nimia subtilitas et quam infesta veritati sit. Protagoras ait de omni re in utramque partem disputari posse ex aequo et de hac ipsa, an omnis res in utramque partem disputabilis sit. Nausiphanes ait ex his quae videntur esse nihil magis esse quam non esse.

(44) Parmenides ait ex his quae videntur nihil esse ~universo~. Zenon Eleates omnia negotia de negotio deiecit: ait nihil esse. Circa eadem fere Pyrrhonei versantur et Megarici et Eretrici et Academici, qui novam induxerunt scientiam, nihil scire.

(45) Haec omnia in illum supervacuum studiorum liberalium gregem coice; illi mihi non profuturam scientiam tradunt, hi spem omnis scientiae eripiunt. Satius est supervacua scire quam nihil. Illi non praeferunt lumen per quod acies derigatur ad verum, hi oculos mihi effodiunt. Si Protagorae credo, nihil in rerum natura est nisi dubium; si Nausiphani, hoc unum certum est, nihil esse certi; si Parmenidi, nihil est praeter unum; si Zenoni, ne unum quidem.

(46) Quid ergo nos sumus? Quid ista quae nos circumstant, alunt, sustinent? Tota rerum natura umbra est aut inanis aut fallax. Non facile dixerim utris magis irascar, illis qui nos nihil scire voluerunt, an illis qui ne hoc quidem nobis reliquerunt, nihil scire. Vale.

(43) Vernimm, wie viel Schlechtes eine allzu große Genauigkeit hervorbringt und wie feindselig sie [gegenüber] der Wahrheit ist. Protagoras sagt, dass bei jeder Sache das Für und Wider auf gleiche Weise diskutiert werden kann und sogar darüber, ob das Für und Wider jeder Sache [überhaupt] diskutabel ist. Nausiphanes sagt, dass von dem, was zu existieren scheint, nichts mehr existiert als es nicht existiert.

(44) Parmenides sagt, dass von den Dingen, die erscheinen, nichts [im Ganzen?] existiert. Zenon von Elea hat jede Beschäftigung hinsichtlich des Themas verworfen: er sagt, dass nichts existiert. In etwa demselben Bereich bewegen sich die Anhänger des Pyrrhon, [und] die Schulen von Megara und Eretria und die Akademiker, die eine neue Wissenschaft eingeführt haben: nichts zu wissen.

(45) Wirf all dieses auf jenen nutzlosen Haufen der freien Wissenschaften; letztere überlassen mir kein nutzbringendes Wissen, erstere rauben mir die Hoffnung auf jedes Wissen. Es ist besser, Überflüssiges zu wissen als nichts [zu wissen]. Letztere tragen nicht das Licht voran, durch das die Augen auf die Wahrheit gerichtet werden, erstere stechen mir die Augen aus. Wenn ich Protagoras Glauben schenke, gibt es in der Welt nichts außer Zweifel; wenn ich Nausiphanes [Glauben schenke], ist einzig dieses sicher, dass nichts sicher ist; wenn ich Parmenides [Glauben schenke], existiert nichts außer dem Einen; wenn ich Zenon [Glauben schenke], nicht einmal das Eine.

(46) Was sind wir also? Was ist es, das uns umgibt, uns nährt, uns empor hält? Die ganze Welt ist ein Schatten – entweder gehaltlos oder trügerisch. Schwerlich könnte ich benennen, welchen ich mehr zürne, jenen, die wollten, dass wir nichts wissen, oder jenen, die uns nicht einmal gelassen haben, nichts zu wissen. Lebe wohl.